Cyriacus Spangenberg

Jagdteufel

Cyriacus Spangenberg
Jagdteufel
ISBN/EAN: 9783743340770
Manufactured in Europe, USA, Canada, Australia, Japa
Cover: Foto ©ninafisch / pixelio.de

Manufactured and distributed by brebook publishing software (www.brebook.com)

Cyriacus Spangenberg

Jagdteufel

Der Jagteufel /

Bestendiger vnd Wolgegründter bericht / wie fern die Jagten rechtmessig / vnd zugelassen. Vnd widerumb worinnen sie itziger zeit des mehrer theils Gottlos / gewaltsam / vnrecht / vnd verdamlich sein / Vnd derhalben billich vnterlassen / oder doch geendert werden solten.

Durch
M. Cyria. Spangenberg.

1. 5. 6 1.

Folgen die namen derer Gelerten Leut/aus welcher Schrifften dieses Buch zusamen gezogen.

A

Aelius Spartianus
Aeneas Syluius.
Aesopus.
Agapetus Diacon.
Albertus Argentinensis Magi.
Ambrosius.
Anaximenes.
Angelus de clauasio.
Antonius de Butrio.
Antonius Panormitanus.
Antonius Pius, Keiser.
Apuleius.

Apuleius.
Aristarchus.
Assaph Psalmista.
Astensis.
Athenæus.
Augustinus.

B.

Baptista Mantuanus.
Bartholomeus de Cassaneo.
Basilius Ioannes Herold.

C.

Cæsar Iulius.
Caius Iurisperitus.
Cassiodorus.
Cicero.
Chronicken der Thüringer.
Chronicken der Sachsen.
Claudia

Claudianus.
Cleobolus Lindius.
Codex.
Conradus Celtes.
Conradus a Lichtenau. Ab: Vr-
 sperg.
Conradus Lycosthenes.
Cornelius Agrippa.
Cornelius Tacitus.

D

Daniel Propheta.
Digesta.
Dion Cassius Nicæus.

E.

Eberhart Weidensee, Doctor.
Ecke uon Repkow.
Erasmus Roterodamus.
Ernst Brottauff.

Esaias.

Esaias Propheta.
Euripides.
Eusebius.

F.

Flauius Vobiscus.
Flauius Blondus.
Franciscus Irenicus.
Franciscus Petrarcha.
Franciscus Zabarellus. Cardin.
Franciscus Zoannettus.
Fulgentius.

G

Gedichte der alten.
Georgius Lauterbeck.
Georgius Nigrinus.
Georgius Sabinus.
Georgius Vicelius.

Gerhar-

Gerhardus Lorichius.
Gottfridus Viterbiensis.
Gratius Poeta.

H

Hans Sachs.
Herr Hans zu Schwartzen-
Herodianus.   (burg.
Herodotus.
Hesekiel Propheta.
Hieronymus Cardanus.
Hieronymus Schurff D.
Horatius.

I

Iacobus Micyllus.
Iacobus Wimphelingus.
Iacobinus de S. Georgio.
Iason de Mayno.
Ioannes Auentinus.

Ioan-

Ioannes Balæus.
Ioannes Bocatius.
Ioannes Bugenhagen Pommer, D.
Ioannes Chrysostomus.
Ioannes Cuspinianus.
Iohannes de Turrecremata.
Iohannes Euangelista.
Ioannes Herold.
Ioannes Iustinianus Cretensis.
Ioannes Maior Scotus.
Ioannes Peregrinus Petroselanus
Ioannes Pinitianus
Ioannes Rauisius
Ioannes Scobæus
Ioannes Stumpff
Ioannes Xiphilinus.
Ioannes Zonoras.
Iulius Capitolinus.
Iosephus

Ius Canonicum

L

Laonicus Chalcondyla
Leges Germanorum
Lieder der alten Deudschen
Lilius Gyraldus.
Lucas Euangelista.
Luduicus Celius Rhodiginus.

M

Marcus Antonius Sabellicus.
Margarita Philosophica.
Martinus Lutherus.
Martialis.
Michæas Propheta.
Mattheus Euangelista.
Moses Propheta.

N.

Nauclerus Historicus.
Nicetas.
Nicephorus.

O.

Olaus Magnus Gotthus.
Onuphrius Panuinius.
Orus Apollo Niliacus.
Ouidius.

P.

Paulus Apostolus.
Paulus Iureconsultus.
Petrus de Natalibus.
Phillippus Melanthon.
Phillippus Decius.
Plato.
Platina.
Plinius.
Plutarchus.

Pog.

Poggius.
Psellus.

R.

Raphael Volaterranus.
Ripnariæ Leges.

S.

Salomon.
Salice Leges.
Silius Italicus.
Statius.
Sachsenspiegel.
Sebastianus Brandt.
Sozomenus.
Suetonius.

T.

Thracesius.
Theodorus. Lector.
Titus Liuius.

Tre-

Trebellius Pollio.
Tewerdanck.

V.

Valerius Maximus.
Virgilius.
Vlpianus.

W.

Wilhelmus Benedicti.
Wilhelmus Budæus.
Wilhelmus Paradinus.
Wolffgangus Lazius.

X.

Xenophon.

Jagteufel.

Anfenglich hat der ewi
ge vñ Allmechtige Gott
den Menſchen geſchaf
fen vñ geſetzt/zum Ver   Herſchaff
ren vber alle Thiere/auff Erden/ des Men
vnd jm vber dieſelbigen völlige ge ſchen vber
walt gegeben. Alſo/das in gemein alle Thier
alle Menſchen/vber alles Viehe
herſchen vnd regieren ſolten. Wie
geſchrieben ſtehet/ Geneſ. 1. Vnd „
Gott ſprach/Laſſet vns Menſchen „
machen/ein Bild das vns gleich „
ſey/die da herſchen/vber die Fiſche „
im Meer/vnd vber die Vogel vnter „
dem Himel/vnd vber das Viehe/ „
vnd vber die gantze Erde/vñ vber „
alles Gewürme/das auff Erden „
kreucht. Vnd Gott ſchuff den Men
ſchen jm zum Bilde/Zum Bilde
Gottes ſchuff er in/Vnd er ſchuff
ſie ein Menlein vnd Frewlein/ vnd

B   Gott

„ Gott segnet sie vnd sprach zu jnen/
„ Seid fruchtbar vnd mehret euch/
„ vnd füllet die Erden / vnd machet
„ sie euch vnterthan/ vnd herschet
„ vber Fisch im Meer/ vnd vber Vö-
„ gel vnter dem Himel/ vñ vber alles
„ Thier/ das auff Erden kreucht.

DJe hören wirs beides / das Gott den Menschen zum Herren vber alles Viehe schaffet/ Vnd darnach auch solche Verschafft dem Menschen befihlet vnd heim=stellet.

Freundli-
che Herr-
schafft.

DJeweill aber dazumal dem Menschen nicht war vergünnet noch nachgelassen/ Fleisch zu es=sen/ So war solche Verschafft da zumal freundlich/ vnd liebreich/ vnd erstreckte sich nicht auffs wür gen/jagen/hetzen vñ tödten. Dar umb sich auch die Thiere solcher grausamkeit von den Menschen nicht zubefaren gehabt/ Vnd wi=berumb ob wol etliche Thiere gros
vnd

Jagteufel.

vnd starck (wie noch) gewesen / hat sich der Mensch doch nicht dafür entsetzen / noch besorgen dürffen / wie man an Adam sihet / Als Gott der Herr allerley Thiere zu jm brachte / das er jnen Namen gebe / hat er sich für derselben keinen gefürchtet. Vnd ebē also dürfften wir vns noch heutiges tages für keinem Thier fürchten / wenn wir noch in der vnschuld vnd ohne Sünde weren. Wie Augustinus aus Chrysostomo beweiset / im ersten Buch wider den Pelagianer Julianum am 2. Capitel.

Sicherheit für den wilden Thieren.

ABer nach dem der Mensch durch den vngehorsam vnd vbertrettung Göttlicher Gebot / von Gott abgewichen / vñ in die Sünde gefallen ist / hat er auch solche Herligkeit vñ Herschafft vber die Thiere verlorn / Vñ ist nu leider da hin komen / weil der Mensch dem geringsten vnd kleinsten Thierlin /

Furcht für Thieren.

der Schlangen mehr gehorchet vnd gefolget hat/ deñ dem grossen vnd allein weisen Gotte/ Das er sich nu auch nicht allein für grossen Lewen/Beren/Wolffen/etc. Sondern auch für den allergeringsten Thieren/ als Meusen/ Spinnen/Aidechs/Scorpionen vñ dergleichen mus fürchten/ vnd entsetzen/vñ ist die Macht vñ Gewalt/ so der Mensch anfenglich/ vber alles was auff Erdē kreucht gehabt/ also gar hinweg/ das er nu leiden mus/ vnd nicht wehren kan / das

Beschwerung vnd schadē von Thieren.

beide fliegen/Mucken/Flöhe/Leuse vnd ander Gewürm jn Vnruhig machen/vnd vberlestig sein/ allenthalben hindern vnd beschweren/ vnd komet darzu offt/ das die bösen wilden Thiere die Leute beschedigen/ vnd wol gar vmbringen/ Vnd die andern zamē Thiere auch bisweilen sich wider die Menschen aufflehnen/ sie schlagen/ stossen/ beissen/

Jagtteufel.

beissen/vnd sich nicht zwingen lassen wöllen/ Welches alles anzeigung vnd beweis genug ist/ der verlornen Verschafft/ von wegen der Sünde vnd vbertrettung.

VNd eben daher schicket bisweilen Gott noch heutiges tages/ wilde vnd schedliche Thiere vnter die Leute/ Weil sie sein Wort faren lassen/ vnd mutwilliglich wider jn sündigen. Wie er denn gedrewet hat. Deut. 32. Ich wil der Thiere zeene vnter sie schicken/ Vnd Ezechielis 5. Böse wilde Thiere wil ich vnter euch schicken/ die sollen euch ohne Kinder machen. *Drewung Gottes.*

WJe sicher aber man für solchen schedlichen Thierē sein möchte/ wenn man ohne Sünde were/ hat Gott in etlichen Exempeln dargethan/ Das auch böse schedliche Thiere/ Glenbigen vnd Gottseligen Leuten nicht haben schaden müssen. Also muste die Lewen den *Wunderwercke.*

Daniel.

Daniel

Daniel.

Daniel in der Gruben vnuerletzet lassen/Danielis 6. Vnd also dürffte die Otter den Heiligen Paulum nicht beschedigen/Actor. 28. Augustinus de Genesi ad litteram lib. 3. cap. 15.

Allerley thier in kasten No hē.

ABer nu ists also gelegen/ das die Thiere nicht viel geben/ auff des Menschen Gebot vnd Herrschafft. Vnd das Noah allerley Thiere in den Kasten zusamen gebracht hat/ist ein besonder Wunderwerck Gottes. Denn ob wol
,, Noah befolhen wird/das er allerley Thiere in den Kastē thun solle/
,, so stehet doch darbey/Gen. 6. Von
,, den allen sol je ein par zu dir hinein
,, gehen/Vnd Gene. 7. Sie giengen
,, zu jm in den Kasten bey paren etc. Welchs Noah nicht hette mit seinen krefften/zu wegen bringē könen / oder weren doch mehr oder weniger zu jm komen / wo nicht Gott wünderlicher weise/ durch seine

seine Allmechtigkeit vnd Gewalt
solchs hette verschaffet. Vnd das
itziger zeit bissweilen die Thiere
thun müssen/ was die Menschen
wöllē/ geschicht mehr aus gewon=
heit/ deñ aus gehorsam/ Das man Gehorsa
nemlich mit grosser mühe vleis vnd der Thie
arbeit/ die Thiere darzu gewehnet aus gew
vnd also zemet/ gleich wie man mit heit.
list vnd behendigkeit die Fisch vnd
Vögel fenget/ die wir sonst mit gebot vñ befehel an jrem flug vñ wegē
wol würden vngehindert lassen.

ALso haben wol die Menschen
etwas gewalts vnd herschafft vber Verlore
die Thiere/ aber es ist der Gewalt Gewalt
nicht gleich/ die Adam vnd Eua
vber sie gehabt/ denen sie auff ein
wörtlein oder wincken gehorsam
geleistet/ vnd das willigklichen/
mit freundtlicher zuthuung.

DA aber Gott dem Menschen
vergebung seines Fals vnd der Wider
Sünden durch den verheischenen gestellet
        B 4   Wei- Gewalt

Jagteufel.

Weibessamen zugesagt / vnd hernach auch die sündhafftige Welt durch die Sündflut gestrafft vnd getilget / vñ allein Noach selb achte erhalten hette / hat er demselben vnd allen Menschen seinen nachkomen / die Gewalt vber die Thiere geben vnd bestettigt / das sich dieselbigen für den Menschen fürchten müssen. Wie geschrieben stehet
,, Genes. 9. Ewer furcht vnd schre-
,, cken / sey vber alle Thiere auff Er-
,, den / vber alle Vögel vnter dem Hi-
,, mel / vnd vber alles was auff dem
,, Erdboden kreucht / vnd alle Fische
,, im Meer sind in ewre Hende gegeben / Vnd ist nach der Sündflut
,, dem Menschen auch erleubt / söl-
,, cher lebendiger Creaturen zur spei-
,, se zu gebrauchen. Alles was sich
,, reget (sagt Gott) vnd lebet / das sey
,, ewre speise / wie das grüne kraut /
,, hab ichs euch alles geben. Von der zeit an habe die Thiere / sonderlich

hiere zu eise nach lassen.

die

Jagteufel.

die Wilden ein schewen für dem Menschen/ als für einem Tyrannen/ vnd lassen sich auch zwar die zamen Thiere nicht gerne greiffen vnd fahen/ den sie merckens gleich von Natur/ das jnē die Menschen nach dē leben trachten/ vnd macht haben jnen dasselbige zu nemen/ Vnd von wegen solcher gewalt durch Gottes Wort (Gen. 9.) den menschen gegeben/ faren sie nu zu/ vnd ziehen vnd mesten nicht allein daheim zame Thiere/ derer sie zur speise gebrauchen mögen/ sondern jagen/ fahen/ schiessen vnd fellen auch die wilden Thier/ Dirschen/ Hasen/ Schweine/ Rehe vnd dergleichen. Solchs ist nicht one gefehr auffkomen/ sondern von Gott also nachgelassen vnd verordnet/ sonst könd man one Sünde auch das geringste Thierlein nicht tödten/ wo es Gott nicht erleubt hette. Vnd ist warlich ein grosse freiheit/

Schew Thiere für Menschen.

Tödtung der Thier.

B 5   das

das die Menschen macht haben allerley Thiere zu jrer notdurfft vnd narung bequem/ zu würgen/ vñ zu tödten. Vnd dieses ist in gemein allen Menschen/ einem so wol als dem andern erleubt vnd vergünnet gewesen.

DA aber nu die Menschen sich gemehret/ vnd der Leute bey einander viel worden/ haben sie solcher Gewalt vnd Herschafft nicht alle zeit zur notdurfft/ sondern zur wollust/ oder einer dem andern zu verdries/ oder auch wol sonst mutwilliglich misbraucht/ Darüber sich deñ viel hadders/ gewirre/ zanck/ Krieg/ vnwill vnd vnruhe entspunnen/ vnd wer am meisten vermocht/ hat den andern vnterdrucket/ das auch ein Sprichwort drauß worden/ das man die grausamen Tyrannen vnd wütterich/ Starcke Jeger genennet hat.

JVuerhielten solche Zweitracht vnd

Misbrauch der Herschafft der Thiere.

Sprichwort.

vnd vnrath/ hat mans für gut an‑ gesehen/ ja die hohe Not hat es er‑ fordert/ vmb friedes willen/ einem jeden das seine ordentlich zu erbe/ eigen/ oder lehen zuzutheilen/ Vnd da sind auch die Gehültze vñ Wel‑ de getheilet worden vñ verordnet/ auch nach gelegenheit genugsam verwaret/ wer/ wenn/ wo/ vnd wie weit vnd fern ein jeglicher zu ja‑ gen/ vnd das Wild zu hetzen oder zu fellen befüget sein/ vnd Macht haben solte.

Theilung der Land güter.

VNd hierbey solt es auch billich bleiben/ das keiner dem andern in das seine greiffe/ Denn solchs Ge‑ walt vñ vnrecht ist/ wie die Juri‑ risten beweisen Ex L. Iniuria. par. fin. ff. de Iniur. vnd L. Diuus. ff. De seru. rust. præd. verboten. Da Keiser Pius an die Weidleute klar also schreibt/ Es ist der vernunfft vnd Erbarkeit gar nicht gemeß/ das ir wider des Herrn willē auff andern

Pius Kei‑ ser.

andern gründen vnd Eckern Vogel stellet/ vnd setzet die Glossa/ das solches gleicher gestalt auch vom jagen soll verstanden werden. Daher setzt auch Caius lib. 41. ff.

Ordentliche Rechte.

T.1. So jemand auff eines andern grund vnd boden sich vnterstünde zu jagen/ oder weiderwerck zu treiben/ das mag jm mit allem rechtē/ der Derr desselben grunds/ so ers vermerckt wehren. L.Quod enim par. plane ff.De acqui. Rer.dom.

Vorzug der Oberkeiten.

ES haben aber in solcher austheilung / wie jtzt gemelt/ die hohen Oberkeiten jnen etwas für andern fürbehalten / oder durch andere wege hernach an sich gebracht/ sonderlich die hohen Gehültze / Wildbanen / vnd jagten/ welchs denn an jm selbs nicht vnbillich ist/ dieweil sie in jrem aufferlegtem Ampt viel sorg vnd mühe haben müssen (wenn sie demselbigen rechtschaffen fürstehen wollē)
das

Jagteufel.

das sie auch dagegen jr lust / kurtzweil / vbung vnd ergetzung haben.

DArnach hat sichs zugetragē / das die mechtigsten Herrn / in derer geringern / so jnen vnterworffen / Desgleichen die vom Adel in der Bawren vnd die Oberkeiten in der gemeinen Gehültze gejagt / welches erstlich so hoch nicht ist geachtet / Vnd darnach aus solcher gewonheit ein verjerung / vnd schier ein gerechtigkeit ist worden / Also das nicht allein der mechtige auff des geringern grund vnd boden jaget / Sondern demselben auch verbeut / vnd wehret auff seinen eignē nicht zu jagen / So sind die gemeinen Leute mehrer teils anfenglich hiemit wol zu frieden gewesen / sintemal sie des jagens vnd solcher herligkeit nicht gros geachtet noch begert / Auch jnē hiemit an andern nutzungen / kein hinderung / noch schaden geschehen / haben sie also mit

Jagt der bern in d̄ geringern gütern.

mit solcher bewilligung ir Recht
vbergeben.

NV ists wol war/das einem in
dene sachē derer er Iure gentium,
nach allen natürlichen Rechten/
seins gefallens/ frey gebrauchen
mag/nichts kan benomen werdē/
wie erscheinet vnd zubeweisen ist/
in C. L. Poss. C. de probat. in
prin.16.Q.1. est notab. gloss. ult.
in Lege solent. ff. de offic.pronc.
welchs auch Franciscus Zoann.
gewaltig darthut in Repet.L. 2.
C.de pact. inter Empt. & uendit.
das dergestalt jagen/fischen etc.
durch das Natürlich Recht niemand
verboten ist. L.1.parag. De
acqui:rer:dom: so vergibt doch einer
sein Recht/ wenn er auff eines
andern verbot vnd eintrag stilschweigt/
demselbigen folgt/ vñ sich
seins freien natürlichen Rechtens/
nicht wie er wol Macht het gebrau=

Die einer sein Recht [be]gibt.

braucht/ wie Vlpia. ſagt/ L. ſi quis diu. in prin. ff. Si ſer. uen. welchs auch Jaſon bezeuget in Repe. L. Quo minus. Vñ die Juriſten weit leuffriger zu beweiſen wiſſen. Vnd vnter andern Iacob. de S. Georg. in ſuo tract. Feudali in parag. Et cum uena. alſo ſetzet/ Es iſt für die Herrn wenn ſie den Vnterthanen das jagen verbieten/ ſind die Vnterthanen mit ſolchem verbot zufrieden/ bringē nichts dawider auff/ ſondern folgē hierinnē dem Herrn/ So reumen ſie hiermit der Herrſchafft ſolchs zuuerbieten ein/ als hetten ſie es fug/ vñ verlieren alſo ir recht zu jagen/ zu ewigen gezeiten.

Alſo ſind die jagten der Obern auff der Vnterthanen gründen/ vñ das verbot/ das ſie auff jrem eigenen nicht jagē dürffen/ eingeriſſen/ entweder durch ſolche preſcription/ vnd gutwillig nachgeben derſelben/ oder ſind von Höhern

Verbot § Jagens.

Nota. Heubtern vnd Potentaten mit solchem Jagtrechten belehnet/ Wiewol auch viel mit Gewalt vnd zwang/ Tyrannischer weise/ oder zum wenigsten mit bedrewung solches an sich gebracht haben/ das es die Vnterthanen aus furcht wol haben müssen geschehen lassen. Vnd wo es nu viel Jar lang vber Menschen gedenckē geweret/ wirt man mit Rechte nicht wol wider zu voriger Freiheit komen können.

Warnung. So wil es sich auch nicht gebüren mit Gewalt dawider zu legē/ Deñ solchs würde ein vergebliche fürnemen sein/vnd nur vbel erger machen. Wie man in Bawren lermē/ Anno 1525. erfaren/ So ists auch

Lehen recht der Deutschen. nu mehr also vmb die Lehen der Deutschen gelegen/ das jnen erleubt wird zu jagen auff der gemeinen Leute gründen/ da es vor gewonheit gewesen ist/ ob sie solchs gleich nicht gerne sehen/ vnd noch darzu

darzu jnen alle Jagten (es weren denn etwan Hasen vñ Fuchs ausgenomen) zuuerbieten/ aus Keiserlicher bewilligung / auff vorgedachte lange zeit her geduldet prescription. Wiewol viel auch vnter den Juristen weder von solcher prescription/ noch von der obgedachten belehnung / viel weniger von der Obrigkeit jagt verbotten halten. So ists doch nu also weit komen/ das sie es in jrer Gewalt haben/ es sey nu mit Recht oder Vnrecht. Vnd wer wil sichs vnterstehen oder ohne Sünde vnterstehen dürffen / solchs jnen mit Gewalt abzudringen/ so werdē sie jre Herrligkeiten hierinnen auch nicht williglich vbergeben / vnd were jn zwar solche Herrligkeit vñ fürzug nicht zuuergünnen/ so sie nur nach ausweisung jres aufferlegtē Amptes/ vnd schüldiger Vetterlicher Liebe gegen jre Vnterthanen desselben

C   Recht

Recht gebrauchetē. Aber der mehrer theil Oberkeiten haben bisher solcher jrer Priuilegion vnd herrligkeiten/ darbey sie jre Vnterthanen solten lieben vnd schützen/ zum verderb vnd endlicher vnterdruckunge derselbigen/ zum allergreulichsten misbrauchet/ Welchs denn gantz Gottlos/ böse/ vñ Vnrecht gethan ist/ darüber viel heisser zerē vergossen werden/ von armen Leuten/ die solche Gewalt beweinen vnd klagen/ welcher geschrey gen Himel kömpt/ vnd vnser Gott zu letzt bewegt werden wirdt/ schrecklicher solche Vnterdruckung zu straffen/ denn viel grösser Potentaten jetzt dencken mögen.

DJeweil deñ wir Prediger auch für die Oberherren sorgen/ vnd sie für jrer Verdamnis warnen sollen/ hat mich mein Ampt/ Darnach Gottes Befehel/ darzu jre grosse Gefahr/ darein sie sich wissentlich gegeben.

Seitenglossen:
Beewlther misbrauch des Jagens.

Armer Leute schrey.

Warumb dis Buch geschrieben worden.

gegebē/ Zu letzt auch die hohe not armer Leute/ vnd die grosse vnbil=
ligkeit bewegt/ dieses Büchlein in Truck zu geben/ zur warnung/ de=
nen so sich wollen eines bessern vn=
terweisen lassen/ Vnd zur gewissen Prophecey vnd Weissagung künff=
tiges Vnglücks vnd Verdamnis/ derer/ so diese vñ andere ernste vnd
trewe warnung verachten.

ES werden etliche wol sagen/ Was gehet das Jagen die Theolo= | Einrede
gen an? Prediger sollen jres Ampts warten/ vnd darauff sehen/ das
sie jren Leutlein das Euangelium recht vnd rein predigen/ sollen sich
nicht in solche Weltliche hendel vnd geschefft einlassen etc. De= | Prediger
nen antworte ich/ das den Predi= | sollen das
gern von Gott befohlē/ alle Sünde | vnbillich
vnd Laster vnd misbreuche zustraf= | Jagen
fen. Weil deñ die grossen Herrn vñ | straffen.
Junckern sich vielfaltig mit jren
Jagten gegen Gott vnd Arme

Leute / auch jnen selbst zu ewigem schaden versündigē. So wil Gott ernstlich/das man jnē solches für=halte/sie zur Busse vermane/ vnd für leibes vnd Seel verderb/ trew=lich warne. Darumb er auch bey dem Israelitischen Volck ein eigen Gesetz geben/Levit. 17. Wie sie es mit den Thieren vnd Vögeln/ so auff der Jagt gefangen wurden/ halten solten. Daraus zu sehen/ das es nicht wider die Theologen vnd Prediger Beruff ist/von rech=tem gebrauch des Jagens zu le=ren/vnd den Misbrauch desselben zu straffen/wil jemand jnen folgen wol vnd gut demselben/ wil aber jemands freuentlich alle warnung verachten / vnd mutwilliglichen zum Teufel faren / mag es auch thun/vnd den schaden für sich ha=ben / so sind doch vnsere Seelen nach dem Spruche Ezechielis 3. errettet. Vnd können solche nicht sagen

Gottes Ge=
setz.

Jagteufel.

ſagen/ das ſie es nicht gewuſt haben/ oder nicht ſein gewarnet worden.

ES iſt aber gar nicht vnſer meinung (wie es die Verleumbder vnd falſchen Zungen deuten werden) den Oberkeiten die Jagten/ vnd Derligkeiten abzuſtricken/ vnd die den Vnterthanen/ jres gefallens darinnē zu handeln/ gemein zu machen/ Denn ſolchs weder recht/ noch gut ſein könte/ ſondern ich wil alleine die Gewaltigen hierinnen leren vñ vnterrichten (wollē ſie es für gut von mir auffnemen) Wie fern das Jagen recht vñ one Sunde könne gebraucht werden/ darinne ſie jre kurtzweil vnd Derligketen mit gutem gewiſſen halten vnd vben mögen. Vnd wil darnach dagegen auch anzeigen/ worinnen vnd womit ſie leider jtziger zeit jnen die Jagten ſelbſt verdamlich machen/ damit ſie/ was Vnrecht iſt

Inhalt dieſes Buchs.

meiden

Jagteufel.
meiden vnd bessern/vñ also ewiges Verderben jrer eigen Leibs vñ Seelen verhüten mögen.

Wie mancherley das Jagen sey.

Zweierley Künste.

Alle vbung vnd Künste sind entweder Liberales oder Mechanice. Die erste nēnet man freye Künste/ Die andern Handwerge oder Gewerb. Vnter die ersten kan das Jagen nicht gerechnet werden/ denn es auch nur eine Leibliche vbung ist/ vnd nie vnter die freyen Künste gezelet worden.

Dreierley Jagen.
I.
Tyrannisch Leut Jagen.

ES ist aber das Jagen von anfang her/ vnd bey den Alten dreierley gewesen. Erstlich das Tyrannisch Jagen/ Oppressiua hominum genent/ da man die armen Leute vnschüldiger weise jaget/ treibet vnd bringet von einem ort zum andern/ sie vnterdruckt vñ dempfset. Solchs Jagen hat anfenglich der Nimroth geübet/welcher beineben andern/ ein grosser Tyrann vñ wüsterich wider arme Leute gewesen. Daher auch von jm geschrieben stehet/Gene. 10. Nimroth fing an ein gewaltiger Derr zu sein auff Erden/vnd war ein gewaltiger Jeger für dem DErrn/ Solches Jagē ist je vñ allwege stracks verbotten gewesen. Dauon findet man auch im Geistlichen Recht. Distinct: 6. c. Non est.

Nimroch

DArnach ist gewesen das Kampffjagen/ Arenaria Venatio. Das Spectackel jagē/da man die verurteilten zum Tode/offt darzu gemachtē Schawplatz mit den wilden Thieren sich hat Jagen lassen/dem Volcke zum Schawspiel/ Da musten die armen Leute gewapnet vnd gerüstet/ mit den Lewen/Beren/Wolffen/Panterthieren

II. Kampff Jagen.

thieren vnd dergleichen kempfen/ ob sie denselben mit stercke/ manheit oder behendigkeit/ obligen/ ansigen/vnd nach dem sie die thiere erlegt/dauon komen möchten/ Aber solches geschach gar selten/ denn wenn einer gleich ein wildes Thier allgemacht hette/so war jm von stund an ein anders oder mehr am Halse/bis so lange das blutdürstige Hertz der zuseher vñ vmbstehenden gesetiget/oder zu Barmhertzigkeit bewegt ward. Vnd wiewol dieses Jagen grewlich vnd vnmenschlich gewesen/so hat man dennoch allzeit Leute funden/die sich darzu gebrauchen lassen/vnd grosse vnkost darauff gewendet/ vnd entweder Knechte darzu gekaufft vnd gemestet/oder sonst die des Todes schüldig gewesen/ein zeitlang darauff gehalten/genehrt vnd abgerichtet/das sie zu bestimpter zeit dem Volck zur wolust/mit den

Inmenschliche Leute

Jagteuffel.
den Thieren zu kempfen / vnd sich
vmb zu jagen / geschickt vnd berei=
tet weren. Wie Wilhelmus Bude=
us in Annotationibus pandecta
rum æditione altera bezeuget.
Bisweilen worden auch wol vn=
schüldige Leute mit den Thieren zu
kempffen gezwungen / oder mit ge=
schencken vnd verehrungen darzu
bewegt / sich in solche gefahr zube=
geben. Wie der Keiser Nero bey Nero.
600. Rittermessige Römer zu sol=
chem kempffjagen verordnet hat /
welchs Suetonius von jm schrei=
bet. Etliche haben die Thiere zu sol
chem greulichen Spectackel erneh
ret vnd aufferzogen / gehetzt vnd
böse gemacht. Es worden aber zu
solchem kampff gemeinlich junge
vnd starcke Leute / so sie es verwir=
cket verurteilet / Wie aus den wor=
ten Vlpiani abzunemen / lib. 48.
Digestorum Tit. 19. In L. ut
C 5   damnum

damnum par. Quicunque ff. de
Pœnis.

Solche Kempffjagten sind bey
den Römern sehr breuchlich gewesen/wie Titus Linius lib. 9. Deca,
4. von Marco Fulnio schreibet/ vñ
sonst hin vñ wider dergleichen gedenckt. So schreibet auch Suetonius/ das die alten Keiser Augustus/ vñ für demselben Julius/ vnd
hernach Caligula/Claudius/Nero vnd Domitianus/ solch Jagten
dem Volck offt zu gefallen gehalten. Caligula hat auch arme vnd
schwache alte Leute mit den Thieren zu kempffen gezwungen. Vnd
Domitianus hat zum ersten auch
Weiber zu solchem Kampff verordnet (Wolffgangns Lazius lib. 10.
Commentariorum Reip. Romanæ cap. 13.) Keiser Titus hat viel gefangener Jüden/ nach eröberung
der Stad Hierusalem hin vnd wider

Jagteufel.

der in die Lender zu solchem schaw ſpiel verſchicket (Ioſephus lib. 7. de bello Iudaico cap. 16.) Traianus hat bey hundert vnd zwentzig tage an einander ſchawſpiel zu Rom gehaltē/ da bisweilen tauſent/ bis weilen zehen tauſent wilder Thiere auff der Bane geweſen (Ioannes Xiphilinus ex Dione Caſſio.) Desgleichen haben ſolche Spectackel gehalten Keiſer Hadrianus/ Als er das ſtreitbare Weib Zenobiam vberwunden hette (Schreibet Flauius Vopiſcus) vnd Gallenus/ nach dem Macrianus erwürget worden (Zeuget Trebellius Pollio.) Der Keiſer Antonius Caracalla aber hat zu ſolchen Spectackeln geweinet/ vñ das Angeſicht danon hinweg gewendet/ wie Aelius Spartianus von jm meldet.

Traiaı

Hadria

Gallı

Caracı

Des Gordiani ſtatliche vñ prechtige Kampffjagt/ beſchreibet Julius

Gordinus.

Jagteufel.

kus Capitolinus/ wie die in des Pompei Dause abgemalet gewesen. So gedenckt er auch des Keisers Philippi/ der zu solchem Spiel 32. Elephanten/ 10. Elend/ 10. Tigerthier/ 60. Lewen/ 30. Leoparden/ 40. Wilde Pferde etc. vnd viel andere Thiere/ gegeben hat. Vnd vom Keiser Probo schreibet Vopiscus/ das er ein sonderlichen Wald künstlicher weise zu solchen Kampff jagten zurichten lassen/ darinnen er 1000. Dirtzen/ 1000. wilde Schweine/ etc. 100. grosser Lewen vnd andere wilde Thiere/ dem Volck dargestellet/ darüber viel sind vmb jr Leben komen/ die sich mit demselben zu kempffen ein gelassen/ Vnd eben eine solche prechtige kampff jagt/ der beider Keiser Arcadij vnd Honorij/ beschreibet mit lüstigen Versen der Poet Claudianus.

ES erzelet Apuleius in seinem 4. Buch

Buch / vom gůlden Esel / eine artli=
che Historia / von Demochare ei= **Demec=**
nem trefflichen reichen Manne / **res.**
der auch offt solche jagten dem ge=
meinē Volck zur lust hat zurichten
laſſen / Wie demſelben einer Thraſi **Thraſi=**
lianus genent in ein Berenhaut ver **nus in**
nehet / als ein beſonder bôſe Thier **Berēh**
(wie er ſich denn artlich ſtellen kön
nen) ſey geſchenckt worden / wel
cher zu Nacht ſeine Geſellen ins
Haus gelaſſen / die dem Demo=
chare ſeinen Schatz geſtolen vnd
hinweg getragen / Wiewol es dem
Thraſiliano auch vbel gerhaten /
denn er für einen Beren gehetzt vñ
erwürget / vnd darnach erſt ein
Menſch befunden worden.

  Cic. lib. 2. officiorun ſagt / Es **Vner=**
ſind lauter vergender vñ verſchwen **barlich**
derer / die jr gelt auff ſolche Spiel **Kampf**
vnd Kampffjagten wenden / Vnd **jagten.**
iſt auch in den altē Rechtē bey den
Chriſten eine ernſte ſtraffe auff die
      geſetzet

geſetzet/ ſo ſich ſolcher Blutjag=
ten beylliſſen haben/ oder darzu ge=
brauchen laſſen / Vnd werden
zwar ſolche Leute in Weltlichen
Rechten nicht für Erbar geach=
tet.

SAnct Auguſtinus ſchreibet in
Pſalmum 102. Lieber ſag mir/ die
ſolchen Jegern verehrung vnd ge=
ſchenck thun/ Warumb thun ſie
ſolchs? Iſts nicht alſo / ſie lieben
das an jnen/ vñ laſſens jnen gefal=
len / darinnen ſie am allerergeſten
ſind/ Sie ſchenckẽ nicht einem men
ſchẽ/ ſondern der allerergeſtẽ kunſt.
Denn were ein ſolcher nur ein ſch=
lechter Menſch/ vnd nicht ein Je=
ger / du gebſt jm fürwar nichts/
ehreſt alſo an jm nicht ſeine natur/
ſondern ſeine laſter. Wie dieſer Text
auch im Geiſtlichen Recht mit ein=
geleibt. 86. Diſtinct. Qui Venat.

Paulus. ICh achte es gentzlich darfür/
das der H. Apoſtel S. Paulus
auch

auch der gestalt mit den Thieren habe kempfen müssen/wie er denn selbs schreibt/ 1. Corinth. 15. habe ich Menschlicher meinung/zu Epheso mit den wilden Thieren gefochten etc. Vnd ist one not/das man diese wort auff die Ketzer vnd falsche Lerer deute/ Sondern sie einfeltiglich von vorgedachtem Schawspiel/ des Kampffjagens verstehe. Wie ich hievon weitern bericht gegebē in meiner auslegung der ersten Epistel an die Corinthier/in der 52. Predigte.

Dieses sey nu zum bericht/von der andern art des Jagens auff dismal gnug angezeigt. Keiser Anastasius (welcher vmb das Jar Christi 500. regieret) hat solche Kampffjagten gentzlich verboten vnd auffgehaben. Theodorus Lector lib. 2. Collect.

Anastaus Keis

Die dritte art des Jagens ist/ das man das wild zu holtz vñ feld jaget

Klag. jaget/hetzet/fellet vnd fehet/Dauon wir in diesem folgendem schreiben sonderlich handeln wollen. Denn viel grosser Herrn desselben

Is auch dergleichen. sich mit solcher grausamkeit gegen arme Leute/vnd beschwerlicher vnterdruckung der Vnterthanen/also gebrauchen/ das es auch wol möchte ein Tyrannisch Jagen genennet werden/Vnd derhalbē not ist / dauon etwas gründlichs zu handeln vnd anzuzeigen/was daran tödlich vnd vnrecht / vnd wie die Jagten anzustellen/ das dennoch die Oberherrn ir kurtzweil/ vbung vnd herrligkeiten behalten/ Vnd darneben Gott vnerzörnet/ vnd der Nehest vnbeleidigt bleiben möchten.

Teilunge des schreibens. Demnach wil ich vnterschiedlich sagen/Erstlich von dem Jagen/welchs recht vnd von Gott erleubet/auch von Natur vnd aller billigkeit nachgelassen ist. Darnach

nach von dem Gottlosen Vnchristlichen Jagen/so leider itziger zeit allenthalben im brauch ist/wider Gott vnd die Natur/wider die liebe vnd gewissen/warumb dasselbige abzustellen vnd zu bessern. Gebe der liebe Gott seine Gnade vnd Geist/ das es wol gerathe/vnd frucht schaffe/Denn ich je dieses schreiben keiner andern meinung/ denn Gotte zu ehren/vnd menniglich zum besten fürgenomen.

Von Rechtmessigen Jagten/ welche von Gott/der Natur/vñ allen Rechten zugelassen werden/ vnd wie es vmb dieselben gelegen.

REchtmessige vnd von Gott zu gelassen Jagten sind/da die Oberkeitē/oder wer es sonst macht/fug vnd recht hat/in vñ auff dem jren/ oder auff eines andern grunde vnd boden

Rechtmessige Jagtē

boden/mit bewilligung desselben/ die wilden schedlichen/oder sonst vnzame Thiere jagen/hetzen/fahen/fellen vnd würgen/one Gottes lesterung/ohne verseumnis/ vnd hinderung des Gottesdiensts/ one schaden/vnd beleidigung des Nehesten/oder der Vnterthanen/ one nachteil des Ackerbawes/ Entweder sich nach vielgehabter mühe zuerlüstigen/oder andern wollüsten zu meiden/anderer Leute schaden zuuerhütten/vñ für sich vnd andere etwas in die Küche zuuerschaffen etc. Solchs Jagen kan Gott wol dulden/ist auch von der Natur vnd allen rechten nachgelassen.

Nu wollen wir die Eigenschafften des Rechtmessigen Jagens nacheinander ordentlich betrachten/vnd von einer jeden in sonderheit bericht thun/vnd sind jr fürnemlich zwelffe.

Jagen

I.

Jagen soll in der Gottesfurcht geschehen.

DJeses dűncket vnser Jeger gantz seltzam / das man auff der jagt an Gott den Herrn sol gedencken/ sagen solchs gehöre in die kirchen / Aber wie aus dem Xenophonte zu sehen/ so sind die jagten bey den alten für heilig gehalten worden/ vnd sind nicht allein die Menner/ sondern auch die weiber/ so sich des jagens genlissen/ From vnd Gottfürchtig gewesen / Sie jagten (spricht er) one anderer leute schaden/ Vnd fingē es an mit dem Gebet / vnd anruffung der Götter / der Jeger machte sich mit seinen Hunden auff die spůr nach holtze zu/ vnd rieff zuuoren an den Apollinem/ vnd die Jeger göttin Dianã/ erbot sich auch etwas von
dem

dem gefangen Wildprat jnen zum Opffer zu geben / vnd wurden die Jagten mit aller Gedult vñ sanfftmut beschlossen / etc. Haben nu solchs die Heiden gethan / die doch den rechten Gott nicht erkent haben / Wie viel mehr gezemet es denen Jegern / die da Christen sein wöllē / das sie jr jagen mit Gottes furcht anfahen / vnd den waren Gott anruffen / der im fünfftzigsten Psalm durch den Senger Assaph also sagt / Alle Thiere im Walde sind mein / Vñ das Viehe auff den Bergen / da sie bey den tausenten gehen. Warlich dieser Gott siehet vnd höret alles / was man in Jagten bey seinem Wilde thut vnd redet / Darumb es wol not ist / für jm Gottfürchtig zu sein.

ABer jtziger zeit braucht man gemeiniglich solche Leut zu jagtē / die da gantz Gottlos vnd Epicurisch sind / die nicht gleuben das ein

Jagteufel.

ein Gott oder Teuffel sey/lestern Gott/vnd betrüben die Leute/fragen nach keiner Erbarkeit/vnd ist jnen kein schand noch laster zu viel. Wie gar einen andern Jeger beschreibt vns Xenophon/da er sagt Ein rechter Jeger soll der Greichische sprach erfarē/vñ bey zwentzig jaren seins alters sein / von Leibe hortig vnd starck/vnd am gemüth gedültig/das er nach vberwundener arbeit frölich sein möge etc.

Ein rechter Jeger.

II.
Jagen sol one Gotteslesterung geschehen.

DAs ist je billich / vnd folget aus dem ersten/das man vnsern lieben HErrn Gott / wie in allem fürhaben/ auch als deñ sonderlich nicht lestere/ noch bey seinem Namen fluche / schwere oder böses wündsche/wenn man seine Creatu

Jagteufel.

ren/nach seiner gnedigen verleubnis/ zur notturfft vñ narung/ Jagen vnd fahen wil/ Denn es je vnbillich/ das man den lieben Vater lestern/ vnd bey seinem Namen so grewlich fluchen sol/ der vns zum besten allerley Thiere erschaffen hat vnd geniessen lesset. Wie böslich aber in diesem Stück gehandelt/ vnd wie grewlich Gott vnd sein Son sampt desselben heilige marter/ leiden/ wunden/ vnd Sacrament in (itziger zeit) Jagten gelestert wird/ wil ich hernach in der andern vrsach/ warumb die Gottlosen Jagten abzuschaffen weitleufftiger anzeigen.

III.
Jagen sol ohne verseumung des Gottesdienst vnd des Regiments geschehen.

DJeweil man aus der Predigt
des

des Göttlichen Worts/ die ware Gottesfurcht lernet/ solt man darauff vleissig achtung geben/ das man dasselbige vmb Jagens willen ja nicht verseumete/ viel weniger verhinderte/ Denn es ist nicht der gerinsten Sünde eine/ das viel grossen Herrn sich selbst vnd andere vmb jagens willens von der Predigt/ vom brauch der Sacrament/ vnd von dem gemeinē Gebet abziehen/ dadurch der Regel Christi gantz zuwider gehandelt wirdt/ welche also lautet/ Matth. am 6. „Trachtet zum erstē nach dem Reich „Gottes/ vñ seiner Gerechtigkeit/ so „wirt euch das ander alles zufallen. Vnd ist gar vnrecht auff die Sontage oder sonst/ da man Gottes wort handelt/ die Jagten anstellen vnd vben. Es were denn sach/ das man aus dringender not etwan einem schedlichē Thier folgen müste/ da es kein lengern auffzug

nicht leiden wolte/ohne armer Leu
te grossen schaden vnd verderb/
Da were solchs notwendiges ja=
gen vnd fellen/solcher schedlichen
Bestien/auch auff einen Feiertag
wol entschuldigt.

DJeweil aber der Obrigkeit
Ampt vnd Regierung (wo sie dem=
selben trewlich fürstehen / armer
Leute sachen hören vñ richten/ die
Bösen straffen vñ die fromen schü=
tzen)auch ein guter vnd angenemer
Gottesdienst ist/So sollen die Ob
rigkeiten/solch jr Ampt vnd Regie
rung/durch vielfältiges vnd vnzei=
tiges jagen nicht verseumen/ auff=
ziehen oder anstehen lassen/ Son=
dern dem Exempel des hochbe=
rümpten Königs Cyri folgen/ von
welchem Xenophon schreibet/das
er nicht ehe mit den seinen auff die
Jagt gezogen sey/ deñ wenn sonst
nichts nöttigers zu schaffen gewe=
sen/vnd er anderer Gescheffte hal=
ben

Jagteufel.

ben nicht hat da Deim bleiben müssen.

 Alphonsus der from vnd löbli‑ Alphonsi che König zu Neapolis/ bette zu keiner kurtzweil mehr lust deñ zum Jagen/ Aber wenn etwas nötti‑ gers fürfiel/ vnd andere sachen zu handeln waren/ so lies er jm kein ja‑ gen oder kurtzweil so lieb sein/ das er von seinen Geschefften gelassen hette/ sie weren deñ zuuoren seines gefallens ausgericht/ Antonius Panormitanus lib.3. Apophteg‑ matum Alphonsi.

 Vnd daher setzt herr Dans von schwartzenburg diesen Reim.

Wenn gute arbeit schwechen thut
 Mag wol mit jagen suchen mut.
Doch vnuerhindert besser sach
 Denn solches nicht gros schaden mach.
  MErck aber wol das wörtlein
   D 5   (wenn

(weil gute arbeit schwechen thut)
vnsere grossen Herrn eins theils lassen jre regierung anstehen/vñ sauffen sich mit jren Junckern kranck
vnd schwach/Vnd das bisweilen
am allermeisten auff die Sonnabende/darnach wollen sie mit verseumnis Göttlicher dienste / auff
den Sontag im Jagen sich wider
erquicken/Das ist zumal ein Gottlos wesen.

IIII.

Jagen soll ohne anderer Leute schaden geschehen.

Es sol im Jagen so wol als in
alle andern hendeln/die Regel der
liebe allzeit bedacht werden/die also lautet/Was jr wollet/das euch
die Menschen thun sollen/das thut
jnen auch. Man solle je also Jagen
vnd Hetzen/das der Neheste vnbeschediget vnd vnuerletzet bleibe/
Wie

Regel der liebe.

Jagteufel.

Wie solchs Johannes de Turre Cremata leret in c. Qui uenatoribus 86. Distinct. vnd es auch anzetget Bartholomeus de Chassaneo in prolixo Catologo Gloriæ Mundi Parte. 11. Consid. 50., vnd Xenophon im Buch vom Jagt/lobet die Jeger/die irem Vaterland am nützlichsten sind/Die beide ir eigen/vnd auch anderer Leute Güter zugleich helffen erhalten/durch welche auch allerley nutz vnd frommen den Menschen geschafft/vnd zu wegen bracht wird/von denen niemands kein leid noch schaden geschicht. Wolan das sind gar seltzame Jeger itziger zeit in der Welt.

Nützlich Jeger.

Vnd bald darnach/da er die Jeger den Schwatzhafftigen Sophisten weit fürzeucht/spricht er/ Die Jeger strecken ire Leibe vnd wolgewunnē Güter frey dahin/für
ire

jre Mitbürger / vnd legen sich wider die wilden Thiere. Die Sophisten aber wider jre eigene freunde / vnd darüber haben sie schande / jene aber erlangen Lob bey allē Menschen / Denn wenn sie das Wild vberwinden / so tilgen sie also die schedlichē Thiere / wo aber nicht / so werden sie doch erstlich darumb gelobet / das sie einer gantzen Gemein feinde haben angreiffen dürffen. Darnach das sie mit keines Menschen schaden / auch ohne begirde einiges gewinsts / sich an die Thier gemacht haben. Letzlich werden sie aus solchem fürhaben zu vielen sachen geschickter vnd verstendiger. Vnd abermal sagt Xenophon / schande vnd gewinst können ehrliche Jeger verachten / die Sophisten aber könnens nicht / Die Jeger reden das lieblich vnd holdselig ist / jenne aber was nur schendlich ist.

Vnd

Und im Beschlus schreibt er/ Wenn junge Leut mercken vñ thun werden/ was ich hie vermanet habe/ werden sie rechte vñ Gottfürchtige Diener Gottes sein / Denn weñ sie es dafür achten/ das Gott auff solches alles ein auffsehē hat/ werden sie sich recht halten/ gegen jre Eltern/ gegen jr Vaterland/ gegen jre Freunde/ ja gegen alle Mitbürger.

AUs diesen des Xenophontis worten/ vnd zwar aus eines jedern eigen gewissens vberzeugen/ ist hel vnd klar/ das ander leute/ sonderlich die armen Vnterthanen/ mit den sagten nicht sollē vnterdruckt/ viel weniger vmb jre narung/ vnd was jnen etwan jerlich zuwechst/ so jemerlich gebracht/ vnd in schaden geführet werden. Denn Könige vnd Fürsten/ Graffen vnd andere Herren sollen Veter/ vnd nicht Verwüster (Patres vñ nicht Vastatores) Veter de Vaterlāds tores) des Vaterlands sein / Sie sollen bedenckē das sie Gott zu solchen hohen Wirden vn̄ ehrē gesetzt vnd erhaben hat / nicht jre wollust mit anderer (sonderlich armer leut) schaden zu treiben / Sondern jren Vnterthanen mit beförderung vnd schutz / nützlich vnd behülfflich zu sein. Vnd weil die Vnterthanen / jerlich jren Oberkeiten von wegen schüldiges schutzs / jr aufferlegte Tribut / Zinse / Schos / Zehendē / vnd anders mehr / auch bisweilen mit grosser beschwerung / vnd vber jr vermögen schatzung geben müssen / were es je billich vn̄ Göttlich / da jnen durch hetzen vnd jagen / in Weinbergen / Gerten vn̄ eckern / das jre zertremmet vnd zunichte gemachet / Oder von den Jagthunden jre Hüner / Gense / Schafe / vnd ander Viehe zerrissen / beschedigt vnd ertödet würde / das solchen schaden die Oberkeiten / den

pflicht der Oberkeit.

den armen Leuten erstatten liessen/ oder an dem/was sie zu geben verpflicht/ abrechneten/ wie solches Angelus de Clauasio aus Astensi in seiner Summa beweiset/ vñ alle natürliche Rechte mit sich bringē.

DAher schreibt Franciscus Zoannetus in Repetit. L.2.C. De pact.inter Empt.& uendit. zu ende. Die Fürsten vnd Junckern könten sich jres Jagrechtens wol also gebrauchen/ das sie nicht für Tyrannen vnd Wütterich/ sondern für solche Leute angesehen würdē/ die auch bedencken/ das sie Menschen sind/ vnd Christlicher Liebe sich beuleissigen/Welchs als denn geschehen wirt/ so sie denen/ welchen die gehöltze zustehē/ mit dem Jagen nicht zu viel schaden thun/ vnd die armen Bawers leute vber recht vnd billigkeit auff jren gründen nicht beschweren werden/

Der Obrigkeit Jude deucker.

Wie

Wie auch der alte Jurist Paulus
zuuerstehen gibt/ L. Cuius ædifi=
cium ff de seruit. Vrban. præd.
Vnd der Herr Philippus Melan=
chton solchs auch trewlich thatet/
in verlegung des vierden Artickels
der Bawerschafft/ Anno 1525. wi=
der die Oberkeit auffbracht/ da er
also spricht/ Es sollen die Fürsten
mit dem Wild niemand schaden
thun/ wie man das ordnen möch=
te oder zugebē/ das einer auff dem
seinen fellen möchte etc.

 Denn es ist nicht allein Vngött=
Jnmensch-
greit.
lich vñ Vnchristlich/ sondern auch
Vnmenschlich vnd Vnnatürlich/
das man den armen Leuten/ Erst=
lich mit dem jagen grosen schaden
thut/ vñ darnach auch mit schreck
licher Tyrannischer bedrewung
zwinget/ zu leiden vnd zu dulden/
das jnen das Wild in Gerten/
Wiesen vnd Eckern alles verderbe
vnd zu nicht mache/ Von welcher
grosser

grosser Vngerechtigkeit ich hernach mehr sagen werde. Ach Gott wo denckē die grossen Herrn hin.

König Ludwig zu Franckreich des Namens der eilffte / wirdt daher gelobt / das er in jagten biszweilen zu den armen Bawren eingekeret / mit jnen Malzeit gehaltē / vnd nur auffs freundlicheste sich gegen dieselbigen erzeigt / Auch was sie jme nach gelegenheit jrer Armut fürgetragen / reichlich vergolten hat / Wie des Ioannes Peregrinus Petroselanus ein Exempel setzet / Libro Conuiualium: Questionum. Daraus wol abzunemen / das dieser König mit seinen Jagten den armen Leuten nicht so beschwerlichen / viel weniger so schedtlich gewesen / als viel Potentaten itziger zeit.

Ludwig König zu Franckreich.

V.

L   Jagen

Jagen sol ohne Nachtheil des Ackerbawes geschehen.

Vmb jagens willen sollen die Bawren vnd Ackerleut nicht am Ackerbaw gehindert/ oder davon abgezogen werden/ sonderlich zu der zeit/ wenn es die gelegenheit des Gewitters des Jars/ vñ sonst andere vmbstende erfordern/ den Acker mit pflügen/ seen/ wenden vnd ander notwendiger arbeit zubestellen/ deñ solchs ohne grossen schaden nicht kan vnterlassen werden/ wie Wilhelmus Benedicti zeuget in Repe. c. Rainutius. Non enim turbari debet nec interrumpi agricultura. L.1.in principio ff. de tigno iniunctio.

Ist es nu vnbillich vmb jagens willen/ die armen leute vom ackerbaw verhindern/ so ists viel vnbilliger/ jnen das jenige so sie mit saur arbeit

Jagteufel.

arbeit erbawet / durch das Wild oder mit den Pferden vnd Hunden zuuerderben / Darumb sagt Xenophon recht / vnter dem jagen soll sich ein Jeger der früchte enthaltē / Desgleichen für bechen vñ flüssen hinweg ziehen / denn es ist schendtlich vnd vnzimlich dieselben zubefüren. Vnd da sich ein Wild hinein verlieffe / sollen die so es sehen / die gantze Jagt beschliessen / vnd nicht weiter fortfaren / sie wolten denn wider Gesetzt vnd Ordnung handeln.

Also stehet auch im Sachsenspiegel / lib. 2. Landrecht / Act. 61. Niemand soll die Saat tretten / durch Jagens oder Hetzens willen / so das Korn geschossen vnd glied gewunnen hat / das ist / wie die Glosse sagt / weñ die Saat das ander blat hat.

WEnn also die Vnterthanen erstlich am Ackerbaw gehindert /

Jagteufel.

darnach auch vom Wild vnd Jeger beschedigt werden / können sie kein gut hertz zu jren Oberherrn tragen / da felt denn das Gemein Gebet / vnd gehet nichts wie es gehen sol / Darfür warnet Agapetus / ein Diacon zu Constantinopel / gantz trewlich / den Keiser Justinianum / vnd spricht / Wenn du von allen wilt hoch geachtet werden / so erzeige dich auch gegen alle sanfftmütig vnd wolthetig / Denn kein ding machet einem Fürstē bey seinen Leuten so guten willen / als wenn er den armen gut thut. Was man aber aus furcht vnd zwang thun mus / ist nur getichte / eusserliche schmeicheley vnd falsche ehrerbietung / Welche Herrn sich darauff verlassen / werden betrogen. Die Herrschafft ist aber billich zu loben / welche nicht allein den Feinden / von wegen des Gewalt vnd Ernstes / forchtsam ist / Sondern

Regel für die grossen Herren.

Löbliche Herschafft.

die auch mit lindigkeit vn̄ gutthun jren Vnterthanen freuntlich ist.

VOm Keiser Alexandro/ wel= cher Anno 230. regiert hat/ schrei= ben viel Historici einmütiglich/ vnd meldet es auch Georgius Lauter= beck im Regentenbuch lib. 3. Cap. 7. Weñ er erfarē/ das seine Kriegs leute/ welche er besoldet/ in fremb= den Eckern/ Wiesen/ Gerten/ etc. schaden theten/ vnd jren mutwil= len trieben/ das er sie mit knütteln schlagen/ vnd mit Rhuten strei= chen/ bisweilen auch/ da sie es zu grob gemacht/ gar hinweg rich= ten lassen/ vnd gesagt/ Woltestu auch gern das man dir auff dei= nem Acker ein solches thun solte/ was du einem andern gethan? Was du nicht wilt/ das man dir thun soll / soltestu einem andern auch verheben. O jr Herrn be= denckt dis löbliche Exempel/ vnd saget also/ das es dem lieben Acker

Keiser A lexander.

baw

Jagteufel.

baw / vnd den früchten ewer armen Vnterthanen vnd anderer / ohne nachtheil vnd schaden sey.

VI.
Jagen sol nicht vrsach zu Krieg geben.

FVr allen dingen sollen weise vnd verstendige Herrn verhüten / das sie vmb Jagten vnd der Wildban willen mit jren Nachbarn sich nicht in Janck vnd zweitracht / Krieg vnd vneinigkeit einlassen / Wie leider offt geschicht / vnd der Teufel gern solche herrligkeiten vñ kurtzweil der grossen Herrn / sonderlich wo ohne Gottes furcht vnd ohne liebe des Nehesten / dieselben fürgenomen werden / dahin richtet / das nicht allein Nachtbarn vñ freunde / sondern auch wol Brüder vnd Vettern vmb eines Hasen willen zu vnfrieden werden / vnd in vnuergeslichen widerwillen gegen einander gehaten/ Also lieb sol jm niemands das beste Wild sein lassen/ das er vmb desselben willen auch wolte zum Wilde werden/ in eines andern Gerichte ohne recht zu greiffen/ oder vmb einer solchen vergreiffung willen/ wider einen andern tödtlichen Haß zuschepffen/ Krieg vnd vnlust vmb solcher vergenglichen dinge willen fürzunemen/ vnd sich also sampt andern in schad vnd verderb zu füren.

VII.

Jagen sol hortige vnuerdrossene Leute machen/ tüchtig zu vnuermeidlichen kriegen.

ES achtens die Alten dafür/ das rechtschaffenes Jagē der Kriegesübung nicht vnehnlich sey. Nu pflegt man rechtmessige Kriege

Rechtmessige Kriege.

nicht

nicht wider die Vnterthanē / noch
denen zuverderb / Sondern wider
die Feinde den Vnterthanen zu
schutz fürzunemen. Demnach sol=
len die Jagten auch nicht zu vnter
druckung der Vnterthanen / son=
dern wider die wilden Thier ge=
halten vnd geübet werden / zu be=
schützen der armen Leute Güter /
früchte vnd gewechs.

SOlchs Jagen mit gutem ge=
wissen geübet / machet feine be=
hertzte Leute / gleichfals heute o=
der morgē / zu rettung der Armen /
auch den Feind keck vnd freudig
anzugreiffen / Daher sagt Xeno=
phon im Buch von der Jagt. Ich
wil hiemit die jungen Gesellen ver
manet habē / das sie die Kunst des
Jagens / so wenig als jrgend eine
andere verachten / Denn dadurch
werdē sie feine tapffere Leute / zum
Kriege vnd andern sachen geschi=
cket / das sie hernach guts reden vñ

Jagteufel.

thun müssen. Vnd bald hernach/ Die sich des Jagens vleissen/ haben grossen Nutz davon/ jre Liebe werden dadurch fein starck vnd frisch/ sehen vnd hören besser/ vnd werden desser langsamer alt/ das Jagen gibt jnen guten vntterricht zum Krige/ wenn sie in der rüstung böse vnd vngewönliche wege ziehen sollen/ werden sie nicht leichtlich müde/ denn sie sind derselben Arbeit zuvor in ausspehung des Wildes gewohnet/ sie könnē auff blosser Erden ruhen/ vnd zu allem befehel des Feldherrns bereit sein/ den Feind angreiffen/ vnd gleich wol/ was jr Befehel mitbringet verrichten/ denn sie sind solchs im Jagen gewohnet/ Stellet man sie an die Spitz/ so fliehen sie nicht/ sondern sind zum Angriff bereitet/ gibt der Feind die flucht/ so wissen sie aus gewonheit/ vnd weil jnen alle winckel bekant/ freudig nach-

Geschickligkeit der Kriegsleute.

C 5   zujagen

Jagteufel.

zusage/ Gereht es mit der schlacht vbel/ so könne sie sich in den Wildnissen vnd Gebirgen verschlagen/ vñ sich sampt andern retten. Item er sagt weiter/ vnsere Vorfaren haben solche vbung für die Jugend verordnet/ vnd sie darzu gehalten/ Denn sie wol gesehen/ das solche kurtzweil jnen zu viel gutem nutz war/ deñ sie/ dadurch fein züchtig eingezogen vnd Gerecht zu werden/ von allem betrug/ vnd falsch abgewehnet/ vñ glücklichen Krieg zu füren vnterweiset worden. Vnd bald darnach sagt er/ Daher komē gute Kriegsleute/ gute Heubtleut/ derer gemüt vnd liebe durch die arbeit von schande vñ schmach entledigt/ nu lust zu tugend vnd erbarkeit haben/ das sind die besten Leute/ die nicht zugeben/ das jrem Vaterland gewalt vnd vnrecht geschehe/ oder sonst was beschwerlich zugefügt werdē.

Vbung der Jugend.

Ach

Jagteufel.

ACh Gott wenn beuleissen sich vnsere zarten Jeger solcher Tugenden/ das sie in Jagten lerneten hortig werden vnd etwas dulden/ etwan vmb der armen Vnterthanen willen/ desser tüchtiger vñ geschickter zum Kriege zu sein. Sie leben nicht allein in allen wollüsten auff den Jagten/ offt besser/ denn daheim zu Hause/ Sondern achtens auch rhümlich/ wenn sie mit jrem jagen die armē Leute also beschweret habē/ das es genug were/ weñ Feinde alda durch gezogen/ vnd geplündert hetten.

 Cyrus der Perser König füretes seine Diener auff die Jagt/ nicht den Vnterthanen damit oberlastig zu sein/ sondern das sie zu Kriegsübungen/ gleich als in einer Schule auff den jagten angeleitet würden/ deñ er hielt solch vbung darzu nicht vnbequem/ sonderlich aber für die Reisigē/ Darumb gewenet er sie

Zarte ckern.

Nota.

Cyrus.

er sie auch auff den Jagten zudul=
den/arbeit/frost/hitze/hunger vñ
durst/Wie Xenophon von jm sch=
reibet/ lib. 8. de pædia Cyri. Sie
Jagten (saget Zonaras Tomo 1.)
gemeinlich darumb / das solche
vbung dem Kriege nicht vnehnlich
were. Es gewehnet sie Cyrus/ des
morgens für tage auff zu sein/Kelt
vnd Ditz zu tragen/ vbete sie mit
lauffen vnd rennen / vnd leret sie
das Wild mit pfeilen vnd scheffe=
lein schiessen / vnd auch die wilde=
sten Thier bestehen / Denn es fei=
let nicht / es erwarmet einem das
Hertz / Wenn ein Wildes Thier
auff einē stösset/da mus einer auff=
sehen/das es nicht etwan jn anfal
le/ vnd mus auch achtung geben
wie ers treffe. Ist also nicht viel im
Kriege/ das man nicht auff Jag=
ten auch versuchen müsse / saget
Xenophon lib. 1. De pædia Cyri.
Daselbst beschreibt er auch die

Rüstung/ derer so mit dem König
Cyro auff die Jagt gezogen/ vnd
setzt darzu/ Vnd vmb solcher vrsa=
chen beuleissen sie sich in gemein
des Jagens/ vnd ist der König/
gleich wie auch im Kriege jr Ober
ster/ vnd jaget selbst/ helt auch die
andern vleissig zu sein / an / Vnd
haltē es dafür/ das solchs ein war
hafftige betrachtung/ oder fürbild
sey eines Krieges.

    Vnd daher nimpt auch Appi= *Apphus*
us Claudius sein vermanung / als *Claudiu*
die Römer die Veios belegert hat
ten/ vnd gegen den Winter abzie=
hen wolten/ Das er sagte/ Lieber
sehet doch / die lust vnd vleis des
Jagens treibet die Leute durch
Schnee vnd Reiffen/ vber Berg
vnd Thal/ durch das Gehültze/
wolten wir den in jtzigen nöttigen
Kriegsleufften vns beschweren/
dergleichen Gedult zu tragē/ Dar
zu doch andere nur vmb kurtzweil
vnd

vnd lusts halben sich bewegen las=
sen etc. Liuius lib. 5. Decadis 1.
Anno ab urbe 352.

iſtar
turris
belli
icta
runt
sitiq;
iacu
r miſ-
elum

Athenæus lib.1. Dipnoſophi-
ſtarum cap. 20. ſchreibt / Die jun=
gen Leute vben sich in jagten / das
sie lernen in Kriegsleufften allerley
gefahr zuuerkomen / vnd vleiſſigen
sich empſiges nachſpürens / das sie
beſſer friſcher / vnd hortiger wer=
dē / Vnd gleich als ein feſtē Thurm
zu Kriegshendeln sich bereiten / vn̄
hinwider jre ſchefflein ſchieſſen etc.

DEsgleichen ſchreibt Olaus
Magnus von den Jagten / in den
Mitnachtigē Lendern / lib. 18. cap.
41. vnd ſagt / Daraus werden hor
tige Kriegsleute vn̄ erfarne Heubt
leute / zu allerley kampff abgrüſtet.
Ja es werden auch daher glückli=
chen vnd wol erzogen fürneme Leu
te / die man zur gemeinen regierung
in der Oberkeit kan brauchē / Wie
das

das viel Historien ausweisen/ deß solche Jagten / sind den grossen Herren je vnd alweg angenem gewesen/ vnd anfenglich/ ehe man sich des müssigangs geuleissiget/ Vnd da man der Herrn Kinder etwas herter/ vnd nicht so zartlich (wie itzt) hat erzogen/ ist Jagen jre gröste lust gewesen/ als eine besondere Herrn vbung/ vnd nicht vnbillich/ denn es nicht ein klein ansehen hat / einer tapffern freudigkeit/ vnd vergleicht sich sehr mit der Kriegsübung/ denn man im Jagen auch einen Obersten haben mus / nach dem sich die andern alle zu richten/ Welcher denen so da hetzen/ jren Feind herfür locket / die andern vleissig auffzumerckē/ auff die wart stellet/ etlich in hinderhalt verstecket/ bald den angriff thut / denn wo er seinen weg hinaus nemen wil / vleissig auffsihet/ etc.

Daher

gewonhe-
t Röm-

DAher haben die Römischen Heubleute/vnd hernach auch die Keiser die gewonheit/ vnd den gebrauch gehalten / das sie zuuor nach jrer weise Kampffjagten/ vñ solche Schawspiel mit den Wilden Thieren zu fechten/ gehalten/ ehe sie jr Kriegsuolck wider die Feinde ausgefüret/ als eine vorübnng des/darzu sie solten in kürtz gebraucht werden. Wolffgangus Lazius lib. 10. Reip. Rom. cap. 5.

HJeraus folget nu/das sich in diesem allem die Jeger nichts wenigers/ Sondern eben so wol als die Kriegsleute der Gerechtigkeit vnd Erbarkeit beuleissen solten/ das sie das jre also ausrichten/ damit gleichwol anderer Leute Wolfart nicht gehindert/ sondern befordert werde. Dazu Joannes Stobeus in der 29. Sermon mit des Xenophontis Worten vermanet/ vnd also saget/Weñ sich die Jeger

des

des beuleissigen/ vnd sich also an=
lassen/ wie sie möchten jrem Va=
terland nur sehr nützlich sein/ die
werden darüber an jren eigen gü=
tern nicht schaden nemen/ Denn
eines jglichen eigenes wirt mit dem
Gemeinen/ entweder erhaltē oder
verloren. Darumb solche ehrliche
Leute zu gleich das jre vnd der an=
dern helffen erhalten vñ bewaren.

Vnd dahin sind auch der alten
Deutschen vnser Vorfaren Jag=
ten gerichtet gewesen/ das sie da
lerneten/ wie sie jr Leib vnd Leben
für den Gemeinen Nutz/ jnen vnd
andern zum besten dahin wagen/
vñ in Gefahr setzen soltē. Jr gantz
Leben vnd wesen war in Jagten
Kriegsübungen/ saget Cesar (lib.
6.) von Deutschen/ vnd Conra=
dus Celtes saget.

Commune his studium, uenari, equitare, uagari
Atq; suum uarias uictum quæsisse per artes.

Das ist.

f Der

Der alten
Deutschen
jagten.

Jagtreusen.
Der Deutschē vleis war in gemein
Jagen/Reittē/nicht viel stil sein
Lauffen/rennē/vñ auff solch weis
Zu suchen narung/vnd die speis.
Vnd Mantuanus.

     Adsueta per alpes.
Frigora agens certare ursis niue candida semper
Per iuga ueloces cursu præuertere ceruos.

Das ist.
Der Deutsche wol gewont der kelt
Auff dem Gebirg ligt/bis er selt
Die grossen Beren/ in dem schnee
Vnd tracht das jm kein Hirsch
entgehe.

SOlchs zeuget auch Franciscus Jrenicus an lib.2.cap.22.das
solchs vnser alten Deutschen gewonheit gewesen/Da jtzt dagegen schier jederman in wollüsten
ligt vnd lebet/vnd gehet/wie Xenophon li.8.de pædia Cyri. Von
den Persern schreibt vnd saget. Die
Persern zogen für der zeit also offt
auff die Jagt/als für sie vnd jre
Pferde

ersen.

Pferde zur vbung genug/ vnd von nöten war. Als aber der König Artarerxes/ sampt denē/ so am neheſten vmb jn warē/ ſich auffs Wein ſauffen gaben/ Da fragten ſie für jre Perſonen nicht mehr nach ſolcher vbung/ lieſſens vnterwegen/ vnd hielten andere auch nicht darzu/ ja da gleich jemands ſich ſolcher vbung des rechtmeſſigen Jagens beuleiſſigt/ wurden ſie demſelben offentlich feind/ vñ verdrus ſie/ das jemand hortiger war/ deñ ſie ſelbſt/ etc.

Als Keiſer Albrecht geſehen/ das viel groſſer Fürſten vnd Herrn ſich nur der Wolluſten beuliſſen/ ſich wol vieler tapfferkeit berhümet/ vnd doch wie die Sardanapali in Frawen Zimmern gelegen/ vnd alda geſpielet/ getantzt vnd gezecht/ hat er offtmals geſagt/ Jagen ſey der Menner/ Tantzen aber ein Weiber vbung. Conradus

Keiſer Albrecht iſt geſtorbē Au. 1439.

F 2 Lyco-

Lycosthenes in Apophtegmatibus ex Aenea Syluio.

VIII.
Jagen sol dienen zu erquickung des Gemüts.

DJeweil grosse Herrn / wenn sie jres Amptes nach Gottes Befehel / vnd nach der Vnterthanen notdurfft recht vnd trewlich warten wollen / viel vnd mancherley sorge/mühe vñ arbeit haben müssen / dadurch sie denn matt/ vnlustig/ vnd müde gemacht werden. Also das sie offt kein lust/ weder zu essen noch zu trincken / noch zu schlaffen haben / mögen sie sich wol des rechtmessigen Jagens gebrauchen / jr hertz / so etwan mit sorge/trawrigkeit/oder anderer bewegungen gekrencket / widerumb durch solche kurtzweil zuerfrischen vnd zuerquicken. Daher schreibet Nicepho-

Jagteufel.

Nicephorus im 12. Buch seiner Kirchen Historia am 41. Capit. das Keiser Gratianus vnd andere grosse Herrn gemeiniglich sich der vrsach halben mit Jagen erlüstiget haben.

Gratianus Keiser.

Cicero lib. 5. Tusculanarum Questionum, schriebet von dem Sicilischen Tyrannen Dionysio/ das er auff ein zeit zu Sparta von einem schwartzen Gemüse/ oder Lungnus hette gessen/ Welchs man jm für das erste Gerichte hette fürgetragen (Denn die Lacedemonier nicht gros zertlicher Speise/ vñ prechtiger essen achten) hab er gesagt/ Es schmeckt jm nicht. Darauff der Koch geantwortet/ das solchs kein wunder sey/ denn es mangel an der besten Würtze/ Da er gefragt/ welchs die sey? Hat der Koch gesagt/ Es feile jme daran/ das er nicht zuuor

Dionysius der Tyran

Jagteufel.

sich geübet/etwan in der Jagt gearbeitet/ geschwitzt/ gelauffen/ vnd also ein lust zu essen gemacht/ etc.

ICh weis aber nicht/ob vnsere Potentaten diese vrsachen jres Jagens fürwenden können/Denn sie des mehrertheils sich wenig vmb jre Vnterthanen annemen/sorgen nicht viel für das Regiment/ haben wenig mühe in verhörung armer Leute/lassen solche sachē auff andere / vnd feilet jnen zwar nicht an der lust zu essen oder schlaffen/ Denn sie gemeinlich bis nach mitternacht panckketiren/ ehe sie sath werden können. Vnd darnach selten für hohem mittage aus dem Bette komen / die wirdt Gott zu seiner zeit gar hart / wie sie jrem Ampt fürgestanden sind / fragen vnd ansprechen. Welche aber jr Ampt in acht haben/vnd in verhörung armer Leute desselbē trewlich

Nota,

warten/ die ſind nicht zuverdencken/ ob ſie mit Jagen/ Thurnieren/ vnd andern Ritterſpielen vnd fröligkeiten bisweilē ergetzung ſuchen/ Dauon denn mein freundlicher lieber Geuatter Georg Lauterbeck auch meldung thut/ in ſeinem Regenten buch/ lib. 2. cap. 11.

DOch ſol ſolche kurtzweil/ vnd ergetzung/ auch ſeine maſſe habē/ das man nicht ein ſchedliche Wolluſt daraus mache/ vnd gar in die Jagtſucht gerhate. Dafür Agapetus den Keiſer Juſtinianum trewlich warnet vñ ſagt/ Deñ wir ſtu mit Warheit ein rechter Fürſt genant/ Wenn du deiner begierden mechtig biſt/ vñ deine lüſte zemen/ vnd vber dieſelben herſchen kanſt/ vñ biſt mit der krone der Meſſigkeit geziret/ vñ mit dem Scharlach der Gerechtigkeit angezogē. Deñ alle andere gewalt/ wie gros die gleich iſt/ wirdt durch den Todt hinweg geno-

genomen / Die Herrschafft aber
vber die begirde vnd lüste weret
ewig.

IX.
Jagten sollen dienen zuuermei
den Geilheit / Vnkeuscheit /
vñ andere fleischliche
Wolluste.

WEnn der Meinung ohne an-
der Leute schaden jagten geübet
werden / ist es vntadlich. Es haben auch daher die Heiden getich
tet / wie die Diana stets zu Walde *ana.*
lige vnd jage / anzuzeigen / das die
so keusch vnd züchtig Leben wollen / allerley müssigang melden vnd
fliehē müssen. Also liset man auch
vom Melanione / das er Keuscheit *elanion*
zu halten / sich gantz drauff begeben / sein lebenlang die wildē Thier
zu jagen vnd zu durchechten. Dergleichen sagt man vom Hippolyto
des

des Thesei Son/das er seine Jungfrawschafft zuerhalten/ vñ müssiggang zu meiden/ sich mit stettigem Jagen vnd fellen der wildrn Thiere geübet habe.

ABer danebē ist das auch war/ das solcher Leute viel bey den Poeten funden werden/die vnter einem solchen schein vnd fürwendung der Keuscheit/ den heiligen Ehestand Gottes Ordnung/ von wegen der beschwerung so darinnen fürfelt/ haben geflohen. Wie die Exempel der Atalante vnd der Cranes ausweisen/ Welche darumb Jegerin worden/ vnd in den Wildnissen ir Leben zubracht/ das sie nicht haben wollen Kinder tragen/ geberen/vnd mit sorge vnd mühe auffziehen/das ist nu auch nicht zu loben.

WJe aber die Alten Geilheit vnd Wollust zu vermeldē/der Jagten gebraucht haben/ist aus Xeno-
F f phonte

Atalanta.
Cranes.

phonte fein zu sehen / da er lib. 1. de pædia Cyri also saget / Wenn sie auff die Jagt ziehen / haben sie jr morgenbrot ein wenig mehr (wie billich) denn man sonst den Kindern pflegt zu reichen / vnd essen nicht weil sie Jagen / Vnd weñ es die not erfordert / auff das Wild lenger zu halten / oder das sie sonst die zeit wöllen hinbringen / lassen sie solchs morgenbrot jr mittag vñ Abendmalzeit sein / vnd Jagen bis an den andern tag zu Abend / vnd rechnen denn beide tage für einen / weil sie nur so viel als auff einē tag sonst gebüret / verzeren / das thun sie vmb der gewonheit willen. Ob es etwan ein mal in Kriegsleufften von nöten sein wolt / das jnen ein tag oder zween hunger zu dulden nicht zu schwer ankeme / Die nu etwas Menlich sind / mögen was sie gefangen zur speise gebrauchen / fahen sie nichts / mögen sie einen
Salat

Nessigkeit der alten Jeger.

Jagtreisen.

Salat vnd Bornkres dafür anne=
men/ Vnd ob sie wol solch gering
speise niessen/ vnd wasser dazu trin
cken/ machet jnen doch solches die
Arbeit vnd vbnng (wir sonst einen
hungerigen vñ durstigen) nur sehr
wolgeschmach/ etc.

OB diese messigkeit von vnsern
Jegern auch gehalten werde/ wei
set sich wol aus. Darumb auch
Gerhardus Corichius in sua In-
stitutione nicht vnrecht schreibet.
Sie meinen (sagt er) die Jagten
sollen jnen ein Artzney sein wider
die wollusten vñ mussigang/ Vnd
weñ sie Berg vñ Thal durchjagt/
frost vnd hitze erduldet/ vnd keine
arbeit vnterlassen haben/ so sey da=
mit alle Wolluft vñ geilheit vertrie
ben. In dem fal müste man auch
sagen/ das die Bawerknechte vnd
Bawermegte die wollüste vertrie
ben/ vnd nu ohne geilheit weren/
weñ sie einen gantzen Sontag sich
müde

müde gehupfft vñ gesprungen hetten/an jrem Tantz. Nein trawen/ Es ist ein ding / du brauchest dieses oder jenes zu wollust/du suchst dein begierd in einem oder im andern werck zuerfüllen / Es geschehe bald oder hernach. Denn warumb lassen es jnen die Jeger eben so sawr werden / mit hetzen vnd rennen/ denn das sie hernach bey solchem Wildprat auffs köstlichs zugericht/in fressen vnd sauffen jre Wollust suchen vñ erfüllen. Weisset denn das durch Jagen den wollusten gewehret?

WAs man sonst für zartligkeit in Jagen braucht / damit man ja nicht etwan den Leibes lüsten abbreche / wird hernach an seinem ort angezeigt werden. Der grosse Keiser Carl hat es nicht wol leiden können / Derhalben da er auff ein zeit/Winters vber/in Freiaul gelegen vñ gesehen/ das seine Frenckische

rolus *[M]agnus.*

sche Junckern/Auslendische zarte
kleider von den Venedischē Kauff=
leuten vmb gros gelt jnen gezeuget
hetten/von Sammet vnd köstli=
chem Rauchwerck/hat er sie vn=
versehener sachē/da gleich Regen=
wetter vorhandē gewesen/one ver=
zug also gekleidet vñ geschmuckt/
bald vnd risch heissen mit jm auff
die Jagt reitten/da die liebē Peltz=
junckern jre zartliche Kleider vom
Regen wol eingenetzt/durch die
Hecken vnd Püsch redlich durch=
zogen vñ zerrissen/Wie er nu heim
komen/haben sie also nass vnd be=
sudelt bald absitzen/vnd auff den
Saal mit zu Tische gehen müssen.
Dieweil es aber etwas kalt gewe=
sen/hat jederman der nehest bey
dem Fewr vñ Camin sein wollen/
vnd hat er sie also wol in die Nacht
auffgehalten / darnach auff den
morgen in derselbē kleidung wider
für jn zu komen ernstlich befohlen/
Da

Da hat man gesehen/wie dieselbi=
ge zerrissen/vnd zum theil nach der
feuchtigkeit vom Fewr zusamen ge
schrumpfft/ Dagegen er jnen sei=
nen groben Wolffspeltz gezeiget/
der noch gantz/ vnd an der Lufft
getrucknet war/ vñ sie vmb solcher
Weibischen zartligkeit willen ge=
strafft/ Auentinus lib. 4. Anna
lium Boiorum.

X.

Jagen sol man die schedlichen
Thiere zu tilgen.

DJeses ist nicht die weinigest
vrsach vnd eigenschafft/des recht=
messigen Jagens. Also haben viel
Helden die Lewen/Beren vnd an
der Wild gejagt/ nicht aus wol=
lust/sondern aus not/ sich vnd die
jren für gefahr/ vnd schaden zube=
waren.

Meleager hat das grosse wilde
Meleager. Sehwein so den Bürgern zu Caly
don

don am Ackerbaw/ vnd sonst viel
schaden gethan/ gejagt vnd gefel-
let/ warlich nicht aus fürwitz/ son
dern vmb gemeines nutzes willen/
seines lieben Vaterlands/ Das er
dasselbe von diesem gresslichen
Thiere erlöset vnd befreiete.

ALso vertrieb Hippolytus die *Hippoly*
Wolffe/ so in der gegend Troezen
in Peloponneso so mercklichen scha
den theten. Joannes Verold in sei
ner Heiden Welt im 4. Buch von
Heidnischen Göttern.

VNd darzu vermanet auch der
Wolgeborne./ Herr Hans von
Schwartzenburg/ in seinen Rei-
men/ vnd spricht also.

Den leute fahe das schedlich wild
  Vnd achte nicht/ obs dir nicht
    gilt.   (Leut
Wer Jagt nach Lust/ mit armer
  Solchs ist von art des Teufels
    freud.

PLato der weise Meister/ lobet
                 vnd

vnd preiset selbst höchlich die jag-
ten/ so zu abschaffung schedlicher
Thiere fürgenomen werden. Da-
gen ists gar nicht zu loben noch zu
entschuldigen/ das man an vielen
orten/ zu verderb der Lande/ vnd
zu vnterdruckunge/ vnd grossem
schaden armer Leute/ das Wild
nicht tilget/sondern heget vñ schü-
tzet. Joannes Stumpff schreibet
von Schweitzern/im 9. Buch seiner Cronick am 16. cap. also. Das
Dirschen Wildprat hat in diesen
Landen nicht also viel schirms/als
bey den Fürsten/ Sondern wirdt
gleich auffgefangen/ Wo man es
schirmete wie in andern Landen/
würde das Land voll/ Vnd bald
hernach saget er/ In Helvetischen
Landē werdẽ viel wilder Schwein
gefangen/vnd würden ohne zwei-
fel mehr darinnen erfunden/wo sie
nicht also teglich vom gemeinen
man gejagt vnd gefangē würden.
Denn

Jagten löbliche

Nota.

Schweitzer wonheit.

Denn wiewol auch bey den Velnetiern vnd dieser zeit bey den Eidgenossen/ das hoch Wild verbannet (das ist geheget) vnd auch die wilden Schwein der Oberkeit zugehörig sind/ nichts desto minder/ dieweil sie den armen Leuten vberlegen/ vnd in felden an Früchten schedlich sind/ werden sie dem gemeinen Man vergünt zu jagen.

VNd dieses ist löblich von Schweitzern vnd jnen rhůmlich nachzusagen/ das sie jre arme Leute mehr lieben/ den die vnuernůnfftigen Thiere/ Wolt Gott es würde vnter den Deutschen Fürsten auch also gehaltē/ so möchte manchem sein Jagen vnd Herrligkeit nicht zu solcher schweren Verdamnis gereichen.

ES wirdt aber dieses von mir nicht der meinunge angezogē/ das man solte die Jagten den Herrn entziehen/ vnd den Vnterthanen

G   zuwen-

zuwenden. Sondern das wil ich allein daraus beweisen/ das die vnterthanen nach allem natürlichen Rechten macht haben/ Vnd jnen solchs die Oberherrn mit gutem gewissen nicht wehren könne/ sondern vergünnen solten/ das Wild von jren Eckern/ Gertē/ Wiesen/ von früchten vñ der Saat zu scheuchen vnd abzujagen/ auff waserley weise sie vermögen/ Damit sie jnen nicht zertrennen/ verwüsten vñ abfressen/ dauon sie sich sampt den jren armen Weib vnd Kinder erhalten sollen.

ICh schreibe ja nichts vnb[il]lichs/ vnd mag leiden/ das auch des ergesten Tyrannen gewissen hie richte/ Ob es nicht die billigkeit erfordere/ wenn die armen Vnterthanen jren Tribut/ Schoß/ Zinse/ Rent vnd andere gebür geben/ darzu ire Hoffdienste vñ fröne/ offt mehr denn sie ertragen mögen/

illigkeit.

Jagteufel.

gen/leisten müssen vñ sollen/ Das man sie auch bey jrer Narung schü tze/ vnd jre saur arbeit/ daran sie jren schweis vñ blut hengen/ nicht durch die vnnützen schendlichen wilden Thiere verwüsten lassen. Vnd sie noch darzu/ warlich nicht viel anders/ deñ Tyrannischer wei se wider Gottes willen/ vnd alle na türliche Rechte vnd billigkeit zwin gen vnd dringen/ Stum vnd alles mit gebundenen Henden zu zuse hen/ das jnen das jre für den Au gen zu schanden gemachet werde/ Welchs warlich/ eine solche greu liche Vnmenschliche Sünde ist/ das mans mit worten nicht errei chen kan.

XI.
Jagen mag man/ die Küchen zuuersehen.

DAs mag nu auch gleich/ wie

das folgende Stücke/ für eine vrsa=
che fürgewand werden/ rechtmes=
sige Jagten zu füren/ das man das
Wild nicht mit ander Leute scha=
den zur Wollust vnd pracht hege/
Sondern fahe vñ felle/ das mans
zur Speise brauche. Also hat Ro=
mulus Hirsche vnd ander Wild
gesagt/ nicht aus fürwitz/ sondern
sich vnd die seinen dauon zu setti=
gen/ Vnd daher saget auch Euri=
pedes/ das es der Jagten nutz vnd
ende sey/ den Tisch desses besser zu
bestellen.

Romulus.

XII.
Jagen mag man/ andere da=
uon zuuerehren.

DIeses were noch löblich/ wenn
nur die Jagten ohne schaden der
Armen angestellet würden. Die
Alten haben was sie auff den Jag
ten gefangen/ nie für sich selbst al=
lein behalten/ sondern auch dauon
etwas

Jagteufel.

etwas jren Freunden/Nachbarn oder Gesindlein vberschickt/vnd verehret/vnd wustens fein auszutheilen/weme sie desses oder ein ander theil schencken wolten/Vnd hierinnen beweiseten sie jre miltigkeit.

Keiser Hadrianus hat sein gesagtes Wildprat allzeit mit seinen Freunden vn bekandten getheilet/ schreibt Aelius Spartianus. Vnd diese gewonheit soll noch sehr im brauche sein/bey den Scricfinnen vnd Finmarchen in Mitnachtigen Lendern. Wie Olaus Magnus beweret/lib. 4. cap. 12.

ABer wie es in gemein jtzt bey den vnsern zugehet/zeiget Gerhardus Lorichius an/mit diesen worten/Vnser Hoffleut habē jren sonderlichen pracht vnd wollust/mit

Keiser Hadrianus.

Scricfinnen.

zerlegen/ auff ein sonderliche weiſe/ die Hirſch vnd Rehekeulen/ auff ein andere denn Zemmel/ Aber auff ein ander die fürblat/ etc. Ja ſie laſſen ſich dūncken/ es ſey ſo köſtlich ding vmb jr Wildprat/ das ſie gleich die Naſen drüber rümpffen/ wenn ſie ſehen einen ge=meinen Man oder Bawren dauon nur ein wenig eſſen/ vñ lieſſen ſich düncken/ wenn ſie nicht ſtets Wildprat auff jrem Tiſch hetten/ jnen geſchehe gros vnrecht. Wie viel ſind wol groſſer Herrn/ die es da=für achten/ ſie hetten ein Bawren mal gehalten/ weñ der Tiſch nicht mit viel trachtē Wildprat beſchweret geweſen. Man lieſets nicht von jnen/ iſt auch jtziger zeit der gewaltigen Jeger keiner/ der darumb ja=get/ das er ſeinen armen Vnterthanen damit behülfflich ſey/ oder arme Leute dauon ſpeiſe. Es wirdt auch von jnē nicht viel Wildprats

in

Jagteufel.

in die Spittal/ Siechenheuser/ oder sonst zu den Krancken geschicket/ Sondern sie legens bey seit in jre Gewelbe/ vnd machens ein/ jr gefres vñ pracht damit zu treiben. Rede ich aber dieses (sagt Gerhardus) derer meinung/ das man eben alles muste für Almosen hinweg geben? Nein trawen. Ich weis wol das S. Ambrosius in der miltigkeit leret mass halten. Aber das habe ich (so wol als er gethan) beweisen wollen/ das das Jagen mehr zu Pracht vnd Wollust/ denn zu hülffe der Dürfftigen vnd Armen gebraucht werde.

VOn Hertzog Wilhelmen zu Braunschweig/ Hertzog Erichē/ vnd Hertzog Heinrichen Vater/ ist von Alten gerhümet worden. Wenn er etwan gejagt/ das er seine Stette bedacht/ die am nehesten gelegen gewesen/ vnd ein oder mehr Stück vnter die Gemeine

Wilhelm Hertzog zu Braunschweig.

zu theilen / dahin gesandt / Wel=
ches bey den Alten Chur vnd Für=
sten zu Sachssen / auch etwan ge=
breuchlich gewesen.

ABer das sey auff dis mal ge=
nug von dem rechtmessigen / zuge=
lassenen / treglichen Jagen / damit
vnser lieber Gott / wenn man ober=
zelte stücke dabey hielte / wol könte
zu friedē sein. Ich befürchte aber /
das solcher gestalt jtzt keine / oder
doch gar wenig Jagten gehalten
werden. Nu könte man je wol sich
darzu gewenen / wenn man nur
Gottfürchtig / vnd nicht so gar ei=
gennützig / vnd vnbarmhertzig sein
wolte.

atius,

ES haben von solchen zimli=
chen Jagten hübsche Büchlein ge
schrieben / Xenophon vnd einer
Gratius genant / ein berümpter
Poet / bey Keiser Augusti zeiten /
Wie denn auch Ouidius desselben
gedencket / Elegia ulti. de Ponto.

Opplanus hat 4. Bücher davon geschrieben.

DEr Selige vnd heilige Man Gottes / D. Martinus Luther schreibt vber das 25. Capitel des ersten Buchs Mose. Es haben viel Disputirt / ob Jagen recht vnd billich sey. Darauff sage ich / das Jagen an jm selbst nicht böse ist / vnd kan wol Göttlich vnd recht geübet werden. Wie wir des ein Exempel sehen / an dem Durchleuchtigsten Fürstē / Hertzog Fridrichen Churfürsten zu Sachssen / der Jagte also / das er niemand schedlich war / sondern vielen Leuten nutz schaffete / Vermerckt er / das jemandes auch gleich ein geringer schade geschehen war / er zalet es duppelt / Theilet auch offtmals etlich scheffel Getreide aus / vnter die Bawren / damit das Wild etwas zu fressen hette. Solches stehet einem fromen vnd löblichen Fürsten wol

Opplanus

D. Martinus Luther.

Fridrich Hertzog z Sachssen

an. Wir wöllen auch den Fürsten jre Regalia vnd Herligkeiten nicht nemen/Wie sich solchs die Bawren in der auffrhur Anno 1525. vnterstanden / Darnach sollen aber die Jagten darumb geübet werden/auff das die schedtlichen vnd greulichen Bestien / als Wolffe/ Beren / Wildschweine / etc. geschencht werden/damit die Menschen sampt jrem Viehe sicher sein mögen. Also sol es vmbs jagen geschaffen sein / das dadurch die Schafe vnd andere Geheime/ vnschedliche Thiere / geschützt werden/Denn das ist ein Fürst vermöge seines Ampts schüldig / das er nach dem Spruch des Poetens/ die zwei dinge thu/parcere subiectis, & debellare superbos, Schone der Demütigen/ vñ bestreite die Stoltzen. Vber das ist Jagen ein ehrlich kurtzweil vnd lust/denen er leubet vnd vergünnet (qui sine iniuria

iuria & pernicie subditorum) die jr ohne Gewaltsam vnd vnrechte vergreiffunge an jren Vnterthanen/ vnd auch ohne schaden vnd verderb derselben gebrauchẽ/ Wo es aber anders gehet/ da ist Jagen der aller ergeste vñ schedlichst handel. Hæc Lutherus Tomo 3. in Genesin.

Von Gottlosen vnchristlichen vnd vnbillichen Jagten/ so leider itziger zeit in aller Welt breuchlich sind/ vnd billich solten abgeschaffet oder doch geendert werden.

ES wirdt ohne zweiffel vielen grossen Herren vñ Junckern nicht vbel gefallen/ was ich bisher von rechtmessigen Jagten geschrieben habe/ vnd werden vngeachtet angezeigeter vmbstende hart darauff pochen vñ sagen/ Wir haben dennoch die Herrligkeit vnd Privilegium

gium zu Jagen vnd zu Hetzen/
Das müssen die Theologen selbst
bekennen/ faren aber darnach zu/
vnd misbrauchen solchs vorzugs
auffs allergrewlichst/ mit Gottes
vnehre/ bösem gewissen/ vnd ar=
mer Leute schadē vñ verderb/ nicht
allein damit/ das sie alle vmbsten=
de so zu rechtmessigen Jagten ge=
hören/ vnd ich auch kurtz hieuor er
zelet/ vnterlassen/ Sondern das
sie auch solche Sünde/ Gewalt vñ
Vnrecht darinne vben/ das jr Jag
ten nicht allein Gottlos vnd Vn=
recht/ sondern jnen auch verdam=
lich werden. Worinnen nu solchs
geschehe/ vnd warumb dieselben
Gottlosen vnbillichen Jagten ent=
weder gentzlich solten vnterlassen/
vnd von der Obrigkeit abgeschaf=
fet/ oder doch zum wenigsten geen
dert vnd gebessert werden/ wil ich
nu folgends auch anzeigen.

ES sol aber dieser bericht nicht
dahin

dahin gedeutet werden / als wolt man damit die Vnterthanen reitzen / sich thetlich / vnd mit gewalt wider solche vnbilliche vnd Vngöttliche beschwerung jrer Oberherrn zusetzen / Deñ was Christen sind / sollē in jrer sachen nicht selbst Richter sein / Sondern da man mit bitt vnd güte nichts erhalten kan / mit Gedult leiden / vnd die sachen Gott befehlen / der wirdt vnrechten Gewalt zu seiner zeit wol finden. Aber weil die Oberherrn sich auch für Christen ausgeben / vnd doch in diesem stücke stracks wider Christliche Liebe / vnd wider jr aufferlegtes Ampt handeln / Wil es die hohe notturfft vnd vnser der Prediger Ampt erfordern / jnē zur warnung anzuzeigen / warumb jre Jagten vnd Wildbanen / wie sie die jtziger zeit haben vnd füren / nicht allein jrem tragenden Ampt zu wider / vnd den Vnterthanen schedlich /

son=

sondern auch jnen selbst an Ehren
vnd Gut nachtheilig/ vnd an Leib
vnd Seele verdamlich sein/ Auff
das sie aus nachfolgenden vrsa=
chē beweget/ sich solcher beschwer
lichen Vnchristlichen sachen ent=
schlagen/ oder doch auff die wege
richten/ das sie es für Gott/ wel=
cher gar ernste vnd schwinde Re=
chenschafft von jrem Ampt/ ohne
zweiffel fordern wird/ verantwor=
ten mögen.

Vrsachen warumb die Gott-
losen Jagten abzustellen
oder zu endern.

I.

Gottes ernstlichs Gericht.

GOtt der Almechtige/ der one
vnterscheid ein HErr ist/ vber alle
Menschen/ spricht nicht allein zu
den armen Vnterthanen/ sondern
eben so wol zu den grossen Her=
ren/ Was jr wöllet/ das euch die
Men-

Menschen thun sollen/ das thut ir *Regel de*
jne auch. Nu ist warlich kein Herr *Liebe.*
so gros vnd reich/ der jm von vie=
len hauffen landes gerne liesse einē
halben Acker zutrennē/ abfressen/
oder sonst zu nicht machen/ Wie
können vnd wöllen sie den so gantz
vnd gar/ aller Christlichen vnd
Menschlichen Liebe/ vnd (das ichs
gar heraus sage) jres von Gott be=
fohlen Ampts vergessen/ das sie
jren gehuldeten/ zugeschworenen/
vnd verwandten Vnterthanen/ ei=
nen acker oder zween weniger oder
mehr (daran den armen Leuten
alle jre narung gelegē) so schentlich
von den Vnnernünfftigen/ scheus=
lichen/ vn schedlichen wilden Thie
ren lassen mutwillig verderben/
vnd solchs zu wehren verbieten?
Auch noch daruber/wen der scha= *Nota.*
de albereid geschehen/ vnd die ar= *Gros vnb=*
men Leute solchs klagen/ jrer noch *ligkeit.*
darzu lachen/ böse wort geben/
vbd

vbel abweisen/ vnd nichts destet weniger jren Zehenden/ Schos/ Zins/ Vngelt/ vnd andere bisweilen auch gar Vngöttliche Schatzung/ mit Türckischer/ vnerhörter vngüte/ gewalt/ zwang/ drang/ kummer/ vnd aufferlegtem Gehorsam/ durch jre Amptleute vnd Schösser/ fordern vñ erzwingen/ denn vielfaltigen schaden/ durchs Wild verursachet/ hierinnen auch im geringsten nicht bedacht/ viel weniger abgerechnet/ erstattet/ oder vergliechen/ Welches je keinem Christlichen hertzen eigenet/ noch gebüret/ auch keine frucht noch warzeichen eines rechtẽ Christen ist/ wes sich auch gleich der Mund rhüme. Vnd es kan auch hie die Vernunfft vrtheilen/ das grosse Könige/ Fürsten/ Graffen vnd Herrn/ je nicht solten jre arme Vnterthanẽ vmb des heilosen Wildes willen/ also jemerlich in verder-

Jagteufel.

derben/ vnd mit Weib vnd Kind in vnwiderbregliche beschwerung füren/ oder da sie je jre lust haben vnd jren wolten/ dieselbige doch also anzustellen/ das es ohne der Jhnen/ vnd zuuor mehr/ denn billich/ vnterdruckten Vnterthanen/ gentzlichen vntergang/ vnd also geschehen möchte/ das nicht solche zehern vergossen werden/ die Gott auffliset/ vnd zu seiner zeit schwerlich pflegt zu rechen.

Haben doch die Heidē für recht erkandt/ das einer einem andern das nicht sol thun/ was er selbst nicht gern haben wolte/ Wie Cleobulus Lyndius gesagt/ Quod odetis alteri ne feceris.

Cleobulus.

II.

Greuliche vnd vnerhörte Gotteslesterung.

WJe leichtfertig die Woffeleute sind

ſind ohne not bey Gottes marter/ wundē/leidē/Sacrament/ Creutz vnd Kron zu fluchen vnd zu schweren/ Weis leider jederman daraus wol abzunemen/ wie ſie in Jagten werden des Namen Gottes misbrauchen / vnd auffs grewlichſte fluchen/ wenn jnen das Wild entwird/ die Garn nicht recht geſtellet ſind / die Bawren nicht recht ſtehen/ die Pferde ſtraucheln/ die Hunde nicht jres gefallens ſich haltē/ das abſchieſſen misreth/ oder anders dergleichē ſich zutregt. Daher auch Doctor Luther ſaget/ vber das 25. Capitel Geneſis/ Vnd wenn ſich gleich ein Jeger/ von andern Sünden vnd Laſtern enthelt/ ſo ſündiget er doch offt mit vngedult vñ grewlichem fluchen/ wenn es jm auff der Jagt nicht aller dinge nach ſeinem ſinne gehet.

MAn hörets zwar auch wol/ wenn

wenn sie auff den Jagte gewesen/
vñ gefragt werdē/wie es geschlau
uet / das sie mit wunder grosser
Gotteslesterung antworten / vnd
(Gott verzeihe es mir/das ichs jnē Gottes le
nachrede) etwan sagen/ Dörstu   sterung.
wir hetten / oder der Teufel führ
mich hinweg/sümmer Gotts wun
den/schöne Stücke für dem garn/
vnd lies sich so marter leiden wol
an/wen die Dergotts Sacrament
schand Bawren sich recht hetten
drein schicken wollen/das sie die
Hand Gottes rhüre / aller Ele=
mentes Bösewicht hinein etc. Be=
hüte Allmechtiger Gott/ wie we=
nig wirdt die ernste bedrewung
geachtet. Da Gott selber spricht/
Der HERR wirdt den nicht vn=
schuldig halten / der den Namen
Gottes vnnützlich führet. Was
wird denn denen begegenen / die
demselben auff so vielfältige weise
grewlichen lestern vnd schenden/

D 2   Vnd

Vnd vmb dieser einigen vrsach wil
len/solt man allein einsehen haben/
das die Jagten auff andere wege
angestelt/vnd nicht mit armer Leu
te schaden gesteigert/vñ gemehret
würden. Dieweil sie ohne grewli=
che Gotteslesterung nicht gehal
ten werden/ vnd ist gros wunder/
das Gott der HERR nicht offt
vmb solcher lesterung willen/Her
ren vnd Knecht/Wild vnd Wild
hetzer mit dem Donder oder fewr/
vom Himel in abgrund der Hel=
len schleget. Aber was hie gebor=
get wirdt/ wirt sich dort/wo man
nicht Busse thut / wol finden/
Denn die wort haben etwas auff
sich/Der Herr wird den nicht vn=
schüldig halten/etc.

III.

Vnterdruckung vnd beschwe=
rung armer Leute/ sonderlich
der Vnterthanen.

Was

Jagteufel.

Was schaden/leides vnd jammer/ vnterdruckung vnd verderb den armen Vnterthanen / durch das verfluchte Jagen zugerichtet wirdt/ ist nicht auszusagen /. So ist auch so gar keine Barmhertzigkeit bey den Oberherrn/ das sie es nicht gleubē/ noch sichs annemen. Das Wild zertrennet/ frisset/ vnd machet in erstlich zu schanden/ was sie an früchten geseet vnd gepflantzt/ ehe es recht herfür komen kan/ vñ weil es wechsset vnd stehet/ das müssen sie leiden/ vñ dürffen nicht mehr/ So werden jnen darnach bede vom Wilde / vnd auch von der Herrn vnd Junckern Jagthunden/ jr Viehe /. Kälber/ Ziegen/ Schaaff/ Gensse/ vñ Dinner/ bisweilen auch jr Haus vnd Hoffhunde/ vñ offt darzu jre Kinder vnd Gesinde zerrissen vnd beschediget/ daran wird jnen nichts erstattet. Ober das müssen sie/

Jagteufel

wenn man Jagen wil/ alles ligen
vnd stehen lassen/ das sie verseu-
men/ vnd Leib vnd Leben in gefahr
setzen. Darzu jagt vnd rennet man
jnen eines Hasens oder zweier Hü-
ner/ oder anders Wildes halben
durch jre Ecker/Wiesen vnd Gar-
ten/vñ schonet hierinnen auch der
Weinberge nicht/ da werden die
Zeune hernider gerissen/die Früchte zertretten/ das Getreidig ge-
schleifft/ die jungen reiser zu nicht ge-
macht/ pfele vnd Weinstöck vmb-
gestossen/ vnd allenthalben grosser schade den armen Leuten zugefügt. Wie köndten denn dabey die
Vnterthanen zu letzt bleiben oder
zur narung komen? Vnd wenn jnen
denn alles verdorben worden/ wo von
sollen sie denn der Herrschafft geben vñ dienen? hat auch je jemand
solche vnbilligkeit vnter den Heiden erfaren?

Lactantius schreibet vber das 2. Ca-

Capitel Genesis / Esau gab sich gentzlich auff Jagen vnd reiten/ Welche stucke er one Sünde nicht hat vben können / er hat müssen vberschretten / sonderlich im Jagen.

Gleich wie auch vnsere Fürsten nicht allein darinnen sündigen/ das sie viel vnterlassen / welchs sie billich thun solten/ sondern sündigen auch schwerlich / das sie auff jren Jagten thun / das sie billich solten lassen. Sie verwüsten den armen Bawren jre Saat vnd Ecker/ vnd dürffen die armen Leute das Wild aus den Gerten vnd von Eckern nicht scheuchen/ sondern müssen leiden/ das jnen dieselbigen zu nicht machen vnd abfressen / was sie mit grosser Arbeit erbawet haben/ Vnd also vnterlassen nicht allein die Pflicht schuldige hülff vn schutz/ sondern beschedigen vnd beleidigen noch

Esau.

Nota.

D 4   darzu

darzu die/ so sie billich schützen vñ handhaben solten etc. Das sage ich darumb/ das man wisse/ wie die itzigen Jagten nicht one grosse Sünde verbracht werden.

Und warlich solche beschwerung vnd vnterdruckung ist nicht der geringsten Sünden eine/ wie aus Herren Dansen zu Schwartzenburg Reimen zu sehen/ da er sagt.

Wer jagt nach lust/ mit armer leut
Das ist von art des Teufels freud.

DA denck selbest/ wiewol es Gott dem Herrn gefallen möge/ wenn man wider sein verbot/ mit betrübnis vnd hertzleid derer Leute/ die sein lieber Son Christus Jesus durch sein Blut so thewr erkaufft hat/ dem Teufel lust vnd freude machen darff/ vnd in dem fal (wie man sagt.)

Der Teufel manchen Ritter hat.
Der dort mus leiden ewig not.

Anno

Anno 1542. Als die Deutschen Fürsten zu Regenspurg auff dem Reichstag viel zeit vnd gelt vergeblich verzereten/ ward ein Brieff gedruckt/ vnter der Dirsche namen darinnen sie jre Herrn anheim zun Jagten berieffen/ Da auch vnter anderen angezeigt wirdt/ was die armen Vnterthanen für nutz von dem gehegten Wildprat haben/ denn vnter andern diese wort drinnen stehen. Nach dem wir euch deñ gern widerumb anheims willigen wolten/ vns auch bedüncken lassen/ es solte wol an ewrem guten willen von Regenspurg abzureisen/ nicht grosser mangel sein/ euch auch auff die Reise zu fordern/ die schweren geltkasten nu mehr nicht gros hindern. So haben wir bedacht/ weil die zeit herbey ist/ das wir vnsere Zemmel/ durch ewer armer Leute schaden/ denen wir jren Weitzen/ Korn/ Gersten/ haffern

Der Hirsche schreiben an die Fürsten.

D 5 vnd

vnd andere früchte abgefressen/
gantz dicke vnd feist gemacht ha-
ben/ euch zuuermanen/ das jr zum
forderlichsten abreisen/ vnd zu vns
auff die welde ohn lengern verzug
komen woltet etc.

Also gehet es vber die Armen/
mit denen man doch billich mitleid-
en haben solte / wie Cornelius
Agrippa schreibt. Die so andern
mit gedult solten gute Exempel ge-
ben/ suchen teglich das sie vberwinden vñ fahen. Daher es kömpt
das die Thiere /so nach natürli-
chem Recht gemein/ vnd nach andern Rechtē des sind/ der sie fehet/
nu allein die Herrn vnd Junckern
Tyrannischer weise/ mit freueln ge-
boten/ vnter sich reissen/ Denn da
nimpt man den Bawren jre Güter
vnd Ecker/ müssen sich jrer gründe vnd boden verzeihen/ man verbeut Wald vnd Welde den Wir-
ten/ das nur das Wild desto mehr
abzu-

Jagteufel.

abzufressen habe/ vnd sich denselben Junckern zur wollust mesten möge/ Denn sie allein achten sich für wirdig dauon zu essen/ solt ein Bawer oder gemeiner Man nur etwas dauon kosten/ das hielten sie für eine Todsünde/ ja es muste ein solcher so wol als das Wild selbst dem Jeger zu theil werden vnd heim fallen/ Das sind Agrippe wort.

ES schreien aber der armen Leute threnen gen Himel/ vnd hören nicht auff/ bis Gott darein sehe/ Darüber es denn solchen Fürsten vnd Herrn nimermehr wolgehen kan/ Wie sie es auch anfahen vnd fürneme/ so ist doch jr verderb nicht für der Thür / Wie Herr Hans von Schwartzenburg reimet.

Wer Land vnd Leut durch vnrecht drengt
Vber dem das Schwerdt am faden hengt.

SJe verderben vnd zertrennen vber dem Jagen/ den armen
Witwen

Witwen vnd Waisen das liebe brot/ so sich an der saat auff dem Acker ereuget hat/ werdens aber thewr gnug bezalen müssen/ an dem ort/ da sie selbst die aller ermesten sein werden/ sagt der Author Margarithe Philosophice lib. 12. cap. 14.

Gottes verbot.

SOlche verderbliche vnd stheoliche sagte/ verbeut Gott der Herr allenthalben in der heiligen Schrifft/ wo dieselbige zur brüderlichen Liebe vermahnet/ Vnd stimme auch die Geistlichen Rechte mit solchem verbot vberein/ 6. Dist. cap. Non est peccatum paragrapho. His itaque.

Paulus 1. Thess. 4. saget/ Das
„ ist der wille Gottes/ das niemand
„ zu weit greiffe/ noch verforteile sei-
„ nen Bruder im handel/ Denn der
zu weit greiffen.
„ Herr ist der Recher/ vber das alles etc. Das aber ein Fürst vñ Herr alsdenn zu weit greiffe/ wenn er seine arme Vnterthanen/ vber ir ge-
bürliche

bürliche pflicht beschweret / vnd
nur vmb Wollust willen / das jre
durch die wüste Thiere zu nicht ma
chen lesset/ darff keins beweisens.
Darumb auch die rache vnd straf
fe Gottes nicht ausbleiben wird /
es hette denn Gott selbest / sampt
Paulo gelogt / welchs vnmüglich
ist. O jr Fürsten vnd Herrn / wie
lange wöllet jr alle Göttliche warnung vnd drawunge verachten?
Were es nicht schier zeit / das man
auffhörte Gottes zorn vnd straffe
zu heuffen? Lasset es genüg sein /
legt ab ewren stoltzen muth / vnd
höret auff ewre arme Vnterthâ-
nen / hiemit zu vnterdrucken / denn
Gott wirt es euch nicht schencken /
noch alle zeit gut sein lassen.

Die kan vnd sol ich auch / aus
grossen schmertzen vnd mitleiden
nicht vmbgehen zugedencken / des
schendlichen vnd sehr schedlichen
Scheffer Teufels / der jetzt von
grossen

grossen Herrn nur weidlich gehetzget vñ auffgehalten wirt/ dadurch dem armut so viel schadens zugefügt wirt/ das es nicht genug auszusprechen/ Vnd ist eben derselbig des Jagteufels Knecht vnd Geselle/ denn wo jener nicht hinkomen kan/ das jrgend den armen Bawren etwas vberbleibt/ das nimpt dieser vber der Erden hinweg. Da besitzt er etwan einẽ Herrn selbest/ oder seine Amptleute/ Schösser vnd Rethe/ die den danck verdienen wöllẽ/ das sie jrem Herrn wol gedienet habẽ/ das man newe Furwerck vnd Schefereien angibet vnd bawet/ vnd die nur mit grossen mengen Viehes vbersetzt/ Weñ denn dieselbigen zu erhalten der Herrn trifften vnd weide zu wenig sind/ so müssen der armen Gemeinen Flecken/ Stedten vnd Dörffer trifften/ Ecker/ geholtze/ gründe vñ wiesen herhaltẽ/ die schlecht man

Nota.

man/ entweder gantz vnd gar zu
solchen Furwergen vnd Schefere-
en/ vnd entzeuchts also den Gemei-
nen/ dauon sie doch jr Viehe zuuor viel lange zeit erhalten haben/
vñ jre Hoffdienste leisten müssen/
oder aber man gebeut/ das der
gemeinen Viehe nicht ehe mus
ausgetrieben werden/ es sey denn
zuuor der Herrschafft Viehe ein
stund oder lenger zuuor hinaus/
welches alda auff den Gemeinen
Trifften liebet/ vnd alles zuuor hin
weg fresset/ das der Gemeinen
Viehe also hungerig aus vnd wider angehet/ vñ mancher darüber
sein Viehe verkauffen mus/ vnd da
wider hilfft kein bitten/ suppliciern
noch flehen.

DArnach fehret dieser Teufel
auch in die Schefer vnd Hirten/
führet vñ treibet sie mit jrer Herde
vnd Viehe auff der armen Leute
Saat/ da ligen sie den gantzen
Winter

Winter / es sey hart oder weich /
vnd wenn ers gnedig machet / so
lesset er den Bawren kaum so viel /
das sie den ausgeseeten Samen wol
der kreigen / vñ da viel vberbleibet /
dem Herrn vnd Junckern die Zinse geben könne / Wöllen sie die brō
tung haben / mögen sie anderswo
her kauffen. Vnd daher kompt es
auch / vnd ist nicht die geringste vr
sach darzu / das die Leute also ver-
armen / vnd einer nach dem andern
verkeuffen mus / vnd der jenige / so
gekaufft / darnach auch nicht beza
len kan / sondern entleufft / vnd komen also dadurch die Güter in ver
wüstung / die Leute werden zu bet-
lern / müssen stelen oder hunger
sterben.

Ob man nu wol für zeiten einen solchen Beschediger hette pfen
den vnd dahin bringen mögen /
das er den schaden gelten müsse /
so wirdt jnen doch jtzt so viel mutwillen

*Herr-
uffen
verb.
ober.*

wollen nachgelaſſen/ vnd ſie darzu
geſterckt/ das ſie alles mit Gewalt
thun/ wil man ſie angreiffen/ vnd
jnen wehren/ oder pfand von jnen
haben/ ſo ſind ſie bald mit der ge=
genwehr da/ vnd halten einem die
Zündbüchſſen vnter die Naſen/ kla
get man es denn/ ſo iſt keine ſtraff
noch hülffe da/ vnd wird der arme
Man noch ſaur darzu angeſehen.

  Lieber Gott/ wo gedenckt jr
Herrn vnd vom Adel zuletzt hin/
Oder was wolt jr doch der mal
eins dem höchſten Richter am
Jüngſten tage für ſolche vnd der=
gleichen gewaltſame Thate/ Geitz
vnd Vnrecht für antwort geben?
Oder meint jr/ das gleich wie jr
das böſe vngeſtrafft laſſet/ er jm
auch ſolchs werde gefallen laſſen?
habt jr ewer Seelen vnd Gewiſſen
ſo gantz vergeſſen? Es ſolt noch
wol war/ vnd vnter euch gebreych
lich ſein/ wie ewer einer für wenig

J   Jaren

Jaren gesagt / Ein Herr vnd ein Edelman solt für sechtzig Jaren nicht wissen / das er eine Seele vnd gewissen habe / sonst könne er nicht reich werden / Wie wenn dich der Teufel weg holete / ehe du solche sechzig Jar erreichtest / hettestu denn nicht ein statlichen gewinst getrieben.

Ein vnbequme rede.

WArlich wenn im Bapsthumb einer vom Adel hette sollen vber einen beseeten Acker reitê / oder durch das Getreide vnd Weinberge Jagen / er hette jm ein gros gewissen drüber gemacht / Aber jtzt können sie nirgend anders / denn im Getreidig reiten / es sey gleich Herr oder oder Knecht / gar selten findestu einen / der auff dem wege bleibet / vñ der lieben früchte so Gott gnediglich verliehen hat verschonet. Das hat sie warlich das Euangelium nicht geheissen nach geleret.

Im Getreidig reiten.

SO halten sie auch in dem Jagen

gen keine masse / Jagen Winter
vnd Sommer / bedencken nicht ob
das Wild trechtig sey / vnd das es
seine zeit zusetzen haben müsse.
Item / das das getreidig noch im
felde stehet / vñ der wein an stöcken
hanget.

Herr Hug von Landenberg / **Bisschoff von Costnitz.**
Bisschoff zu Costnitz / reit auff ein
zeit mit seinem Hoffleuten / den
Bawren im Kletgow durch das
Getreidig / da schlug der Donder
vnter sie vom Himel / ein Roß zu
todt / vnd sonst jrer Acht zu boden
(Schreibt Joannes Stumpff lib.
5. Capit. 37.) Solte dem jn Gott
den freuel gefallen lassen / der jtzi=
ger zeit mit reiten vnd Jagen am
lieben Getreidig geübt wirdt? das
dencke nu keiner nicht.

Ich besorge fürwar / wo sie nicht
Busse thun / sie werden Gottes
zorn dermassen auff sich laden /

J 2   das

das er ein mal ein Wetter vber sie wirdt komen lassen/ das es jnen wirdt all zu schwer werden/ denn Gott die lenge das elende vnd jamerlich geschrey/ vnd weheklagen nicht wirdt also vergeblich lassen furuber gehen/ Wiewol jrer der grossen Herrn brauch ist/ das sie keinen armen Menschen für sich lassen/ niemands hören/ lassen arme Widwen vnd Weisen/ nicht allein durch Jeger vnd Scheffer vnterdrucken/ sondern faren auch zu/ vnd dringen jre arme Leute mit gewalt von jren Veterlichen gütern/ vmb jres geitzes vnd wollusts willen/ da sie doch wol wissen/ das es wider recht/ vernunfft vnd alle billigkeit ist/ auch offentlich wider Gottes wort/ vñ die heilige Schrifft/ wie an Naboths Weinberg zu sehen/ im ersten Buch der Könige am 21. capit.

Nota.

IIII.

Verseumnis der Predig vnd anderer Gottesdienst.

DAs ist zumal ein grosser tadel/ an vnsern Jegern/ das sie vmb jres Jagens willen/ vielmals für jr eigen Person/ die Predigten/ gemein Gebet / Lob vnd Dancksagung Gottes / vnd dergleichen Gottesdienste verseumen/ vnd auch andere dauon abziehen/ vñ verhindern/ Schonen auch des Sontags vnd der Christlichen Feste nicht/ ziehen also eine kleine zeitliche wollust/ dem gehör des Göttlichen Worts für / daran jnen doch sonst all jr Seelen seligkeit gelegen. Etliche die darnebẽ auch ein wenig für andechtig vnd Geistlich wöllen gesehen sein/ die hören wol zuuor eine Predigte/ vnd dürffen begeren/ ja sie wollens also haben/ das man etwas viel früher denn sonst gewonheit/ jnē eine Predigt mache/

Verseumnis der Gottes dienste.

1.

Jegermessen.

J 3 vnd

vnd allein das Euangelion sage/
oder doch darüber gar eine kurtze
vermanung thue/ vnd dieweil an=
der gebreuchlich Gesenge vberge=
he/ vnd anstehen lasse/ vnd alles
kurtz vberlauffe/ wie man den sol=
ches schnapper wesen im Bap=
sthumb Jegermessen genēnet hat/
Wie dabey die andacht sey/ist wol
zuerachten/ denn sie doch mit ge=
dancken albereit im Woltz vnd Fel
de sind/Solche weise ist ein grosse
anzeigung/das man vom mündli=
chen Wort der Predigt nicht gros
helt. Wie spricht aber Christus?
„ Wer aus Gott ist/ der höret Got=
„ tes wort/Darumb höret jr nicht/
„ denn jr seid nicht von Gott/ Jo=
„ annis 8.

    ETliche Jagen zuuor auff die
Feiertage/ vnd denen mus man zu
gefallen das Ampt/ vnd die Pre=
digt auffziehen/vnd müssen zuhö=
rer vnd Communicanten warten/
bis

Jagteufel.

biß sie fertig werden / vnd von der Jagt heimkomen / welchs auch weder recht noch billich ist / denn es heisset / Du solt den Feiertag hei ``
ligen. Das ist / mit heiligen gedan= ``
cken / worten vnd wercken zubrin=
gen. Aeneas Sylvius am 13. Capitel seiner Behemischen Chronick / König
schreibet võ Snatocopio / dem letz Suatebo
ten König in Mehererland / das er
auff einē Deiligen tag ein mal auff
die Jagt geritten sey / vñ dem Ertz
bisschoff Methodio befohlen / mit Method
dem Ampt der Messe / bis auff sei- us Bisch
ne widerkunfft zuuerziehen / Da er
aber bis auff den hohen Mittag
ausblieben / hat Methodius das
Ampt angefangen / vnd nicht vn=
terlassen wolle. Als nu der König
kömpt / deutet er solchs dahin / es
sey jme zur verachtung geschehen /
vnd fellet auff den vnsin / das er
mit den Dunden in die Kirche
hinein biß zum Altar Jaget /
    J 4   vnd

vnd die hörner auffblasen lesset/ den Bisschoff mit harten worten anfehret/ vnd sich kaum enthelt/ das er sich nicht auch mit der faust an jm vergriffen. An diesem magstu leichtlich lernen/ wie vnsere Jeger gegen Gottes wort/ vnd die Prediger desselben gesinnet sein/ wenn mans nicht allemal nach jrem willen machet/ ob sie gleich sich bisweilen stellen/ als sey jnen auch etwas an der Predigt gelegen.

III. ETliche liehen lange zeit auff den Jagten/ also das sie vnd die arme Leute/ so darzu verbottē worden/ offt in acht oder 14. tagen/ auch wol in drey oder 4. wochen/ oder lenger in keine Kirche komen/ noch jrgend eine Predigt hören/ achtens auch nicht/ fragen wenig darnach/ vermeinē sie können dennoch auch lebē/ ob sie gleich nicht predigt hörē. Diese gar frevel Verechter

Jagteufel.

gehter/werdē jrē Lohn zu seiner zeit redlich bekomen/wie denn die erfarung mitbringet/das ebē solche Gesellē/ gar zu Gottlosen Epicurischē Sewen werden/ vñ zu letzt in Gottes straff verderben vnd vntergehen/ ohne Gottes wort vnd Sacrament/welchs sie verachten/ vñ das Wild mehr geliebt habē/ dem sie auch an jrem Ende gleich müssen werden.

Epicurische S et

DAber Hans Sachs in seinem gedicht/ der Sabbath brecher genant/also spricht.

Betracht nu selbst in deinem Muth
Ob Gott nicht auch thue billich rechen
Das wir so freuentlichen brechen
Die Sontag mit Laster vnd Sünden
Das es doch nicht ist zuergründen
Einer ob seiner Arbeit leiret
Darnach er auff den Montag feiret
Der ander mit seinr Factorey
Der drit mit seiner Kramerey
Der vierd mit fechten/schiessen/ringen
Der fünfft mit jagen/pfeiffen/springen/etc.

Mißbrauch d Sabbat

Vnd hernach.

Jagteufel.

Die Obrigkeit mus rechnung geben
Von solchem Vnchristlichen Leben
Wo sie mit straff nicht sicht darein
So den Sontag bricht jr Gemein.

So wirdt es Gott freilich jnen auch nicht lassen gut sein / weñ sie selbst den Feiertag brechen vnd verunheiligen.

IIII. Etliche / sonderlich die noch dem Bapsthumb verwand sind / sprechen / weñ sie nüchtern an die Jagt ziehen / so leisten sie an stat des Predigt hören vnd Mess sehen / Gott seinen dienst mit fasten vnd harter arbeit. Aber denen antwort S. Ambrosius / Sermone 33. Was hilfft solchs leibliche fasten / wenn man wollust sucht im Jagen / man enthelt sich von speise / vñ fehret vmb in Sünden. Oder meinet jr lieben Brüder / das der recht fastet / der frü morgês weñ der tag anbricht / wol auffwachet / nicht in die Kirchen zu gehen / oder die stette der heiligen Martyrer zu suchen / sondern

S. Ambro=
si.

Jagteufel.

dern auff zustehen / das er seine Knechte zu hauff brenge/die garn stelle/die Hunde ausführe/ Welche Höltze ausforsche / führet das Gesinde auff die Jagt / die vielleicht lieber zur Kirchen gingen/ vnd heuffet also seine eigen Sünde mit andern / vnd dencket nicht das er an seinem eigen / vnd der Knechte verderb schüldig wirdt/ ligt alda den gantzen tag auff der Jagt/itzt ruffet vnd schreiet er/als wolt er sich zu reissen / bald wil er das man gantz still sey/vñ niemand sich hören lasse / Fehet er etwas/ so ist vnmesliche freude/entkömpt jm/ das er doch noch nicht hatte/ so ists grosses zorns /etc. Dieser gesellen losung heisset. Zu frönen schicket euch/wenn ich Jag/ vñ schonet nicht der Feiertag.

Etliche bleibẽ wol auff die Feiertage daheim / gehen auch zu Kirchen / aber sie führen jre Hunde

cken/ noch betten/ Vnd darzu mit
der Hunde bellen/ vnd jrer Vögel
schellen/ andere Leute auch am ge=
höre des Worts verhindern/ vnd
an guter andacht jrre machen/
Von denen schreibet D. Sebastia
nus brand in seinem Narrenschiff.

Wer Vögel/Hund in die Kirchen führt
  Vnd ander Leut am beten jrt/
Derselb den Gouch wol streich vnd schmier
  Bis er dem Narn die schellen rhür.

Vnd abermal.
Man darff nicht fragen wer die sein.
  Bey den die Hund in Kirchen schrein
So man Mess helt/predigt vnd singt
  Oder bey dem der Habich schwingt
Vnd thut sein schellen so erklingen
  Das man nicht beten kan noch singen.

Als wolt er sagen. Es darff
nicht gross fragens jrent halben/
man sicht wol das es Narren sind.
Sol=

SOlchen misbrauch der Hei=
ligen tage/vñ das Jagen auff die=
selbig zeit / solten die Oberkeiten
verbieten/vnd gar nicht gestatten/
Wie es denn auch verbotten gewe
sen/bey den alten Deutschen/ als Alt dem
man sehen mag in den Landrech= Landrec
ten der Alemannier/Tit. 39. vñ der
Beiern Capit. 9. Das man auff ei=
nen Sontag / sich eusserlicher Ar=
beit vnd vbung/bey schwerer straff
vnd verlust enthaltē solle. Vnd ver=
kleret solchs Keiser Ludwig im er= Ludwig
sten Buch/ der Frenckischen Rech Keiser.
te/capit. 75. das es in sonderheit
vom Jagen vnd verbot desselben
solle verstanden werden. Nec Ve-
nationes exerceant. Spricht auch
es habe solchs sein Vater der gros
Keiser Carl also verordnet.

ES ist aber dieses allererst das
ergest vnd schendlichste/das auch
die Geistlichen selbest/die Feierta=
ge mit Jagen zubringen/Vnd wie
Corne=

wie Cornelius Agrippa sagt/ so ist der Bisschoffe/ Epte/ vnd anderer Prelaten/ gröste andacht/ das sie Jagen vnd hetzen/ da wollen sie Ritter werden/ vnd gesehen sein/ dürffens selbst wagen/ wilde Schwein vnd Beren zu fellen/ solchs ist bisweilen jre gröste lust/ halten offt mehr Jagthunde/ deñ die grossen Fürsten vnd Herrn/ Wie denn Sabellic. li. 8. Exemplorum ca. 7. schreibet/ Er habe einen Bisschoff kent/ der vmb Jagens willē/ einen solchen hauffen Hunde gehalten/ das man sie gleich/ wie das Viehe in herden theilen/ vnd Leute die jr gewartet/ darüber ordenē müssen. O wie viel köstlicher zeit bringen die Könige/ Fürsten/ Graffen/ Junckern vnd Reichen/ vñ welchs eine schande ist/ auch die Geistlichen zu mit der vnnütze mühesamē vnd fehrlichen kunst des jagens Margarita Philos. lib. 12. cap. 12. Sol.

Solches hat auch die Alten verur=
sachet/das sie in einem Concilio zu Concili
Aurelia/oder Orlientz in Franck= Aureliā
reich gehalten/vñ in andern,mehr
den Geistlichen das Jagen verbot=
ten habē/vñ im Geistlichen Rechte
wirdt verboten / das man keinen
Jeger zu Geistlichen Emptern vnd
wirden sol auffnemen. Da aber ei=
ner allbereit Priester were/sol er
vmb Jagens willen seins Ampts
entsetzt werden.

ETlich vnter den Geistlichen im
Bapsthumb schönē wol der Feier= VII
tage/das sie daran nicht Jagen.
Doch hindern sie mit jren Dun=
den vnd Fedderspiel/andere Leut
in der Kirchen an jrem Gebet/vnd
andacht/vnd treiben grosse lecht=
fertigkeit/Von denen schreibt Do
ctor Brandt also.

Ich thar von Thumherrn nicht sagen
Die in den Chor jr Vögel tragen.

Vnd

Vnd meinen es sol schaden neut
  Weil sie sind geborne Edelleut
So steht dem Adel gar viel zu
  Das er billichr denn ander thu
Ich wüste gern was sie wolten sagen
  Wenn der Teufel hinweg würd tragen
Den Edelman der in jn left
  Wo blieb der Thumbher auff die zeit.
Ich fürcht sein Adel schirmpt jn nicht
Doch die Natur gibt jedem ein
  Narheit wil nicht verborgen sein
O wie viel hetten achtung mehr
  Die Römer wie sie theten ehr
Jrn Tempeln die doch warn gemacht
  Den Abgottern allein volbracht
Das man keinen bey den ehren dult
  Der sich an eim Tempel verschuld/etc.

VIII. MAn findet auch wol vnter den Euangelischē Predigern/ die hertzlich gern vnd willig mit jren Herren vnd Junckern auff die Jagten ziehen / da sie viel sehen vnd für Ohren müssen gehen lassen/ darein jnen billich zu reden gebüret/ were besser sie blieben daheim/vnd warten jres studierens/beten/vnd meditirens/ vnd liessen die Jeger jagen

Jagteufel.

Jagen nach der Regel Christi/
Laß die Todten jre Todten begra=
ben.

IX.

JCh mus hie auch das tadeln/
vnd als vnbillich straffen/ das viel
grosser Herrn/ aus den Clöstern
Hundstelle machen/ vnd jre Hun
de vnd Hundeknechte/ mit vñ von
den Gütern/ vnterhalten vnd neh=
ren/ die von jre Vorfarn/ oder wol
von andern Leuten/ zum Gottes=
dienst vñ zuerhaltung der Kirchen
diener/ Schüler vnd armer Leute
sind gestifftet worden/ ob wol
solchs in einen misbrauch gerha=
ten/ Solt mans darumb nicht in ei
nen andern missbrauch/ sondern
in einen rechten brauch wenden.

X.

ETliche sind auch so ehrerbie=
tig/ gegen jre Pfarherrn vnd Seel
sorger/ das sie jnen jre Jagthun=
de zu Hause vber den Hals schi=
cken/ das sie jnen die Füttern vnd
Verbergen/ vñ also die Pfarherrn

R an

an etlichen örten der Herrn vnd Junckern Hundsknechte sein müssen.

V.
Verseumung des Regiments.

DAs ist vnleugbar / das vmb Jagens willen viel grosser Herrn jr befohlen Ampt anstehen lassen/ verhören keine sache/ entschlichten keine hendel / lassens alles in die lange banck komen / verschieben von einer zeit zur andern / der armen Vnterthanen anligen/ vergessen derselben auch wol zu letzt darüber gantz vnd gar mit grossem verderb / schaden vnd beschwerung armer Leute. Welchs stücks halben/ viel dem Keiser Domitiano wenig Lob nachschreiben/vnd gedenckt Herodianus (lib. 4.) des Keisers Antonini Caracalle/ das er sich aus Welschlandt an die Donaw

Domitianus.

Antonius Caracalla.

Jagteufel.

Donaw begeben habe/ vñ sich alda geübet mit der Kůtsche zu fahren/ oder zu Jagen/ vñ das Wild zu fellen/ Dabe ja auch/ aber gar selten sachen verhöret/ vnd ehe einer den handel recht fürbracht/ hat er bald seine meinung vnd vrtheil darauff gefellet/ Wie richtig das hat müssen zugangẽ sein/ kan man wol erachten.

DAher schreibet Xiphilinus aus Dione Cassio/ von obgedachtem Keiser also. Antonius lies vns wol anzeigen/ er wolte bald frue morgens nach auffgang der Sonnen Gericht halten/ vñ die sachen/ das an gemeiner nutz gelegen/ für die hand nemen/ vnd handeln/ er hielt vns aber bisweilen auff/ bis zu hohem Mittag/ offt auch biß gegen Abendt gar spat/ vnd dürffte sich auch wol zutragen/ das er vns vnter zeiten/ wenn es jn ankam gar nicht ansprach/ vnter des trieb

Nota.

er dieweil fürwitz/ fuhr auff der
Kutsche/ Jagte/ fechtet/ zechete
vnd sofft sich vol/ vnd wenn er sol=
ches ausgerichtet hette/ denn kam
er bisweilen/ vnd verhöret etliche
sachen.

DJeser Antonius/ hat vnter
den Deutschen Fürsten vñ Herrn/
viel Nachkomen gelassen/ die jm
nur redlich folgen. Das auch D.
Luther seliger/ nicht vnrecht schrei
bet/ vber das 10. Capitel Genesis/
Vnsere Fürsten sind gar Töricht
vnd besessen/ mit der Jagtsucht/
das sie auch vmb Jagens willen/
hohe/ nötige vnd wichtige sachen
lassen anstehen/ vñ ist jnen lieber/
man halte sie für ernste Jeger/
denn für weise Heger (Custodes)
Schutzherrn oder Regenten. Ma-
lunt strenui uenatores, quam sa-
pientes gubernatores æstimari.

DAher saget auch Cornelius
Agrippa/

Agrippa/cap. 77. de uanitate scientiarum/Mit dem jagen vn̄ paiſſen (welchs doch beide rechte knechtiſche gewerb vnd mühſelig vbung ſind) iſt es alſo weit komen/das man hindan geſetzet / alle freie Künſte/vermeinet/wer recht Edel ſein wolt/müſte durch Jagen dar zu komē/Vnd iſt zwar der Könige vnd Fürſten luſt vn̄ Leben im jagē/ ſolchs iſt jre beſte Ritterſchafft.

 Mithridates der berhümete Kö­nig/lies ſich die Jagtſucht ſo gar einnemen/das er ein mal ſiebē gantzer Jar/dem jagē nachgehengt/ vnd dieſelbigen zeit vber/in keine Stad noch Flecken/oder ſonſt vnter ein dach komen iſt / Schreibet von jm Joannes Rauiſius in officina ſua/was hat dabey können für gut Regiment ſein?   *Mithridates.*

 Joannes Pinitianus ſetzet zwey feine Verſßlein/welche alſo lauten.

K 5   Quid

Quid iuuat optatum uenatu perdere tempus
  Querere cum poßis commodiora tibi.

Die zeit die du verlenrst mit Jagen
  Die wirstu zwar schmertzlich klagen
Ruff laut zu Gott/ gar offt vnd viel
  Das sey dein Hand vnd Federspiel.

SO saget Franciscus Petracha capit. 32. De bona fortuna. Vnter andern worten also/ Gott hat dir zwo hende gegeben/ wo sind sie? Die eine helt den zaum des Pferdes/ die ander füret den Habich/ bistu nu nicht ein fein muster? hastu doch keine hand. Als wolt er sagē/ Die grossen Herrn soltē eine hand brauchen/ zu schutz der fromen/ die ander zu straff der bösen/ so lassen sie beides anstehen/ vnd brauchen jrer zur wollust vñ kurtzweil/ ja wol zu vnterdruckung der Armen.

Item er saget/ Sie schreien vnd ruffen den gantzen tag auff der Jagt/ vnd des Wildes willen/
den

den hals heischet/ Wenn sie aber einem armen Menschen in jren sachen (darumb sie angesucht) nur ein wenig bescheid/ vnd eine kurtze antwort gebē sollen/ da verdreusset sie es den mund auff zu thun.

VI.

Vnmenschlichs wüten.

VMb des vnmenschlichen Wütens vnd abschewlichen wesens willen/ so auff den Jagten geübet werden/ solten die Herrn dieselbigen messigen. Franciscus Petracha sagt/ Sie fallen des morgens mit solcher vngestümme zu jren Vensern heraus zu holtze zu / als were es alles voller feinde/ do es doch nur vmb die Hasen/ Hirschen vnd dergleichen Wild zu thun ist / were vieleicht ein Feind fürhanden/ sie blieben wol zu hause/ vnd dürfften desselben kinen Helden etliche

den

den Kopff nicht zum fenster aus-
stecken.

Dietherich der Gotten König
schreibet in einem Brieffe/ an den
trefflichen man Maximum/ also/
Es ist ein abschewlicher handel/
vnd ein vnglückseliger kampff/ das
man sich an die wilden Thiere
legt/ da man doch wol weis/ das
sie vns zu starck sind/ allein das
man sich vermisset/ man wolle mit
list sie zu falle bringen/ vnd stehet
der gröste trost darauff/ das man
sie hinderkomen möge/ kömpts
das man dem Wilde nicht entko-
men kan/ so mus mancher also vn-
begraben bleiben/ offt verleuret einer seinen Leib bey leben/ vnd wird
von Thieren grewlich gefressen/
ehe er ein aß worden/ wird gefan-
gen/ vnd ein Speise seinem feinde/
mus also leider den setigen/ den er
zuuor vermeinet zuerwürgen.

WJe man sich in Jagten gegen
die

herich Bern.

die armen Leute vnd Bawren verhelt / wissen vnser Junckerlein zu guter masse selber wol / wie sie aus lauter gutduncкel / vnd stinckender hoffart sich lassen duncken / sie sind viel besser / deñ gemeine Leute. Darumb sie dieselben nicht allein verachten / vnd jrer armut / blösse / einfalt vnd elends spotten / sondern sie auch auffs eusserst versprechen / schelten / schmehen vñ lestern / vnd zu jrem schaden verlachẽ / offtmals vbelhandeln vnd grewlich schlagen / vnd als wolten sie dieselbigen zureissen / wüten / vnd wie die wilden Thiere gebarẽ / auch offtmals an jrer gesundtheit verletzen / oder da sie ohn gefehr von einem Wild beschedigt werden / gleich jre freude daran haben / vnd sie also geringer achten / denn die stinckenden Hunde. Dürffte sich mancher armer Bawr gegen solche Scharhansen setzen / vnd sich solcher vn-

K 5 billi

billichen gewalt/ so mit schmeissen vnd schlagē gegen sie geübet wirt/ erweren/ so würd man offt den freidigen Jeger sehen. Des Aesopus in seinen Fabeln gedenckt/ das er zu einem Wirten komen/ vnd jn gebetē/ er wolte gerne das er jn nach weisete/ wo er etwan einen freisamen Lewen möchte antreffen. Da nu der Wirte jm einen in der nehe gezeiget/ hat er geantwortet/ Es ist gleich gut/ ich hab sein gnug. Vnd zog also der Eisenfresser vnd Berenringer seine pfeiffen ein/ vnd traff einē andern weg nach hause.

VII.
Tyrannische grewligkeit.

JE mehr ich den Jagten jtziger zeit breuchlich nachdencke/ je schrecklicher vnd greulicher dinge ich darinne befinde/ vnd möchten einem wol alle haar zu berge steigen/

gen allein des greulichen wesens
halben/ davon ich jtzt sagen wer=
de / welchs warlich Herrn vnd
Fürsten sich eins bessern zubeden=
cken/vñ jr Jagten auff andere we=
ge anzustellen bewegen solte/Man Nota/
rennet vnd leufft durch die Saat/
Garten vnd Wiesen (sagt Gerhar=
dus Lorichius) vnd schonet keiner
früchte/ noch gewechs/es mus al
les von Hunden vnd Pferden zer=
schleiffet vnd vertretten werdē. Ja
(spricht er) also hat die Jagtsucht Jagtsuch
vnser Herrn bestanden / das sie
auch jren Bawren verbieten dür=
ffen/ das Wild von jren Eckern/
felden vñ wiesen zu scheuchen oder
abzutreiben/ sondern zwingen die
armen Leute/ das sie es müssen dul
den vnd geschehen lassen/ das jnen
das Wild alles auff dem Felde vñ
in gerten abfresse/vnd daher wirdt
für einen auffrurigen Buben ver=
bampt/ welcher einen Hasen in
set=

seinem Krautgarten fehet/oder ei=
ne wilde Sawe in der Saat fellet/
oder eine Dinde auff seinem stücke
scheusset.

  MAn saget das itziger zeit etli=
che grosse Herrn/die armen Leute
vmb sonderliche Summa geldes
büssen/wenn sie nur alleine nicht
mehr/denn die wilden Thiere von
jren Eckern oder Gerten hinweg
scheuchen/ja sie büssen auch die/
so es etwan ohne gefehr gesehen/
vñ solcher armen Vnterthanen hohe notdurfft/das jre zuuertheidi=
gen/nicht verrhaten/vñ als einen
grossen vngehorsam/vñ böse That
zu Hoffe gerüget haben.

  EIn grosser Fürst kam in erfa=
rung/das ein Bürger vnter jm ge=
sessen/einen Hasen geschossen het
te/Das liess er an einen Erbarn
Rhat desselben orts gelangẽ/wel-
che auff jres Herrn schreiben den
Thetter mit harter Gefencknis gestrafft

Jagteufel.

strafft/ vnd nach verlauffen acht tagen/ als sie jnen hart fürgenomen/ los gelassen/ darumb haben sie dem Fürsten 100. gülden oder mehr müssen zur busse geben. *Ein them Hase.*

SJe gebieten auch jren Vnterthanen keine Zeune noch wende vmb jre Gerte zuhaben/ oder müssen die nicht hoch machen/ oder die spitzen an zaunstacken absegt/ vnd vergleichen/ das jr Wild vnbeschedigt könne aus vnd einspringen/ den armen Leuten das jre abfressen/ vnd sich also mit derselben sauren schweis vnd blut mesten. Es sol ein gewaltiger Herr seinen Vnterthanen geboten haben/ keinen Hund zu halten/ er habe jm denn zuvor/ der hindern füsse einen gelemet oder abgeschlagen. *Gottlose Gebot.*

Herr Hans von Schwartzenburg frey Herr/ setzt in seinen Reime vnter der Person eines Jegers/ Dergleichen stücklein auch/ vnd spricht.   Das

Jagtteufel.

  ... ist der will des Herren mei...
Das jch im heg/ viel Hirsch vnd Sch...
Den Hirten uber Hund nicht gaw
Er heng in denn gros Brügel an
Vnd für das Wild leg ich kein Zaun
  Zeuch mir die Jagthund schwartz vnd braun
  Zu frönen/ schicketeuch wenn ich jag
  Vnd schonet nicht der Feiertag
  Kein holtz hawt ab es sey denn sach
  Das es dem Wild kein schaden mach
Dein Rudden schick mir an die sew
Ehe das ich dir den balg erblew

N.a. Zalt was wir bey euch han verzert
  Das euch nicht böses werd beschert.

   ES sind dieses fals die Heid-
den leid nischen Tyrannen/ leidlicher vnd
er denn treglicher gewesen/ denn die ha-
die Chri ben doch jren vnterthanē nicht ver
i. botten/ das Wild von jren Eckern
zu scheuchen/ ja sie haben nachgeben vnd zugelassen/ wenn es ausser
der zeit des Ackerbawes gewesen
ist / vnd das die Bawren sonst
nichts zuuerseumen gehabt/ das
sie haben mögen Jagen/ Wie aus
dem Poeten Virgilio zu sehen/ da
er spricht.

Tunc

Tunc gruibus pedicas, & retia figere ceruis
Auritosq̃ sequi lepores, & figere damas
: tuppes torquentem balearis uerbera funde.

ES müssen die armen Leute den Herrn vnd Junckern/ grosse vnd beschwerliche dienste/ mit verseumnis jrer narung zum Jagen leisten/ vnd hette dasselbige seinen weg/ wenn man es doch sonsten darneben mit den armen Leuten leidlicher machete. Aber die Oberherrn halten sich wilder vnd vndanckbarer gegen sie/ denn der Lewe gegen den Androdum/ Dauon Gellius eine Historia schreibt lib. 5. cap. 14. So doch grosse Herrn der edlen Tugend des Lewen/ das er sich gegen die Demütigen freuntlich vnd gnedig erzeiget/ billich folgen solten/ sonderlich gegen denen/ die jnen alle trewe dienste leisten.

ZV.

Zum al schrecklich ists/das die
grossen Herrn sich nicht schewen/
jre arme Leute vmb des Wildes
willen am Leben zu straffen/ So
doch auch die Weltlichen Rechte
bezeugen/das die Herrn gar sch=
werlich sündigen/ die jre arme Leu
te am leibe straffen/oder sonsten be
schwerliche bussen aufflegē/Dar=
umb das sie zu der zeit/ da man
doch sonst zu Jagen pflegt/ vnd
offt auch aus not vnd armut ge=
drungen/ sich des hungers zu weh
ren/ etwan ein Wild gefellet ha=
ben.

schreckli-
Tyran-

VNd daher schleust Angelus
in seiner Summa aus Astesi. Das
die Herrn nicht schlechte Gemeine
sondern grosse Todtsünde begehē/
die vmb eines Hasen oder andern
gefangen Wildes halben/die Leu=
te tödten/ oder mit abhawung ei=
nes Gliedmas am Leibe verstum=
len/ sonderlich so sie das thun aus
rach=

rachgiricheit / oder aus alzu viel
gunst vnd lust zum Wilde. Denn
es solt ein Mensche nach Gottes
Ebenbilde geschaffen / vnd durch
Christi Blut erlöset / je vmb eines
vnuernünfftigen vnd darzu sched=
lichen wilden Thiers willen / nicht
also jamerlich vnd elend zugericht
werden.

ES stimmen die rechtuerstendi
gen auch hierinnen vberein / das
sie sagen / Es sey (mera iniuria) Mera in=
Gewalt vn̄ Vnrecht / das man den iuria.
gemeinen Leuten bey kopff / hende
oder füss abhawen / oder anderer
Glieder verstümplung / das Wild
zu fahen oder zu fellen verbiete /
In D.C. Non est.

DJenon stehet auch im Sach
senspiegel / lib. 2. Landrecht. Artic.
61. Da Gott den Menschen ge=
schuff / da gab er jm gewalt vber
Fisch vnd Vögel / vnd vber alle
         L   wilde

wilde Thiere/Darumb haben wir
ein vrkundt von Gott / das nie=
mād seinē leib noch sein gesuntheit
an diesen dreien verwircken mag.

WJe man aber die straffen mö=
ge/ so wider der Herrn verbot in
Bannforsten vnd gehegen / sich
am Wilde ohne not vergreiffen/
findestu eben daselbst/desgleichen
lib.2. Landrecht Artic.28. Von de=
nen/ so in gehegten Wassern fi=
schen/man dürffte darumb die leu
te nicht würgen vnd vmbbringen/
wie es sich etwan zugetragen/das
man vmb etlicher wenig hechte/
foren/krebs/oder dergleichen wil=
len/ die Leute hat erschiessen oder
hencken lassen / welchs warlich
zu viel ist / Wiewol auch hiemit
nicht aller dinge entschuldiget
sein/ die wider der Oberkeit ver=
bot/ die Fische aus gehegten Be=
chen/ vnd behaltern heimlich hin=
weg nemen / vnd solchs so offt
thun

Nota.

thun/das bisweilen der zorn grosse Herren zu solcher grewligkeit treibet.

ABer (wie Franciscus Joannetus sagt) Es möchtē dis fals Fürsten vnd Herrn dem jenigen/ so sie sich zu recht befüget / bedüncken lassen / wol mit etwas gelindern/ vnd doch ernsten straffen nachsetzen / also das auch jre gütigkeit daraus zuuermercken sein möchte/ vnd nicht zu schwinde faren/ Secundum L. Respiciendum circa princip. ff. De poenis.

VNd saget gedachter Joannettus / Ich wolt aller dinge nicht/ das man von wegen eines Wildes/ so etwan gefangen oder gefellet/ einen Menschen/ der nach Gottes Bilde geschaffen/ vnd ein glied Christi ist/ solt also hintödten.

NAch Sachssen recht wird der schade bezalet/ vnd die that so offt

die geschehen/mit 3. schillingen ge
büsset/lib. 2. Artic. 28. Aus den al=
ten Frenckischen Rechten ist klar/
das man weder vmb Wild noch
vmb fische willen jemands am Le=
ben gestrafft/sondern allein vmb
Gelt gebüsset hat/ L. Salica Tit.
36. L. Ripuaria Tit. 44.

Warnung die Vn-thanen   WJewol nu die Herrschafften
daran nicht recht thun/ das sie al=
les so gar eigen machen/ vnd beide
auff dem Felde vnd im Wasser/
auch schier in der lufft/ alles den
armen Vnterthanen abstricken/ so
sollen doch gleichwol die Vnter=
thanen sich das Wild zu fahen/
vnd in gehegten Forsten zu jagen
enthalten/ sonderlich wo ein aus=
drücklich verbot dauon ausgan=
gen.

Domiti-   ALs L. Domitius Landpfleger
in Sicilien war/ vnd jm ein grosse
wilde Sawe fürbracht ward/ hat
er

Jagteufel.

er den Wirten/ der dieselbige gefellet/für sich bringen lassen / vnd jn gefragt/wie vñ womit er sie vmbbracht. Als er nu befunden/das es mit einem Schweinspies geschehen / hat er jn bald auffhencken lassen/Denn es hette dieser Landvogt kurtz zuuor ein gemein Edict vnd befehel ausgehen lassen / das bey leibes verlust/niemands in der gantzen Insel eine mördliche wehr tragē solte. Vermeinte durch solchs verbot/ die grausam Reuberey abzuschaffen/ die bisher in der Insel gewesen war / dadurch sie auch beynahe gar verwüstet worden. Dieses könte als ein greuliche vnd Tyrannische that gedeutet werdē/ vnd kan mans doch Disputieren/ Schreibet Valerius Maximus libro 6. cap. 3. Titulo de seueritate. Vnd wirdt dafür geachtet/man hette des Landtuogts Edict vngeachtet/das es etwas scharff sollen

Jagteufel.

halten / dieweil es ein geschrieben vnd verordnet Recht vnd satzung gewesen. L. prospexit ff. Qui & a quibus Manumissi libertatem non accipiunt. Vnd sind die wort Vlpiani / das er sagt. Quod quidem per quam durum est, sed ita lex scripta est. Vnd sagen die Juristen. Si dominus loci, ubi est cunctis libera uenatio, habeat Ius Reipublicæ ibidem, & prohibeat indicta pœna, omnibus illic uenari, erit prohibitionis transgressor puniendus, licet uetuerit sine consensu illorum quorum interfuit. Zabarella Cardinalis. Si dominus. Extra: de decimus. Das es also sol heissen / Wenn ein Herr verbeut zu Jagen / da es doch zuuor gemein gewesen ist / so solle man solchs Gebot halten / vnd da jemands vbertrit / soll
er

Jagteufel.

etwas gestrafft werden (verstehet doch nicht am leibe) ob er gleich in solches verbot nicht gewilligt hette. Diese Juristische Regel/ können die grossen Herrn vnd Junckern sehr wol mercken/ Faren darnach vberhin/ vnd machen derselbigen gebot vnd verbot/ aus lauter geitz vñ eigennutz/ mit grossen vñ schweren Sünden so viel/ das die armen Gemeinen vnd jre Vnterthanen/ von altergebrachten freiheiten/ ja auch von jren eigen ererbeten/ oder erkaufften gütern wenig behalten/ Das wirt Gott zu seiner zeit findē.

^{Juristisch Regel.}

ES ist schier kein Juncker so geringe/ er weis solche gebot den seinen auffzulegen/ Welches doch viel gelerter Juristen gar nicht billichen. Als Antonius de Butrio in d. c. Non est: De Decimus, welcher Ann. 1408. gestorben. Item/ Jason Maynus lib. 4. Consil. 119.

E 4 Philip-

Jägteufel.

Philippus Decius lib. 1. Consil. 179. Hieronymus Schurff. lib. 3. Consil. 1. &c.

Ich lasse aber dieses faren/ vñ frage nu die Fürsten vnd Herrn/ mit was gewissen/ fug vnd recht/ vnd aus was erley grunde/ auch mit welcher billigkeit/ sie den armen Leuten bey grosser straff verbieten/ das sie die wilden Thiere auff jren Eckern/ wiesen vnd in Gerten/ da sie jnen nicht geringen schaden thun/ nicht schiessen noch fellen/ ja auch nicht Jagen noch hinweg scheuchen dürffen/ Vnd da sie solchs thun/ warumb sie die armen Leute so vnbarmhertziglich an Leib vnd Gut straffen? Das der Ehrlich vnd Gottselige man Jacobus Wimphelingus warlich nicht vnrecht gered/ da er gesagt/ Das die Fürsten viel ernster vnd herter die Leut straffen/ weñ sie ein Wild getöd-

Jagtteufel.

getödtet/ denn so sie einen Menschen erwürget/ oder Gott den Herrn vielfaltig gelestert hetten/ O Welt/ O verkeretes wesen/ Deñ ist es nicht war? das einer bey einem Herrn ehe zu gnaden kömpt/ wenn er zween oder drey Bawren todt geschlagen/ denn so er einen einigen Hirsch oder Rehe geschossen.

DJe solt man nu gedencken/ wie etliche vmb eines Hasens willen den Vnterthanen die Augen ausgestochen/ hende vnd füsse abgehawen/ nasen vnd ohren abgeschnitten / vnd dergleichen Vnmenschligkeiten an jnen begangē. Aber es wolt lang werden/ solchs alles zu erzelen. Grewliche Thaten.

BArnabas ein Vicegraffe zu Meyland/ ehe daselbst ein Hertzog thumb auffkomen/ war so gantz vnd gar auff Jagen ergeben/ das er seine grösste freudt daran hette. Barnabas Vitzgraf zu Meyland.

Jagteufel.

*In vn-
irscher-
mcker.*

(Wie auch Vnlangst ein deutscher Juncker sol gesagt haben / Wenn jm Gott vergünnē wolte / hie ewig zu Jagen / so wolt er jm gern den Himel lassen / vnd desselben nicht gros begeren.) Dieser Barnabas hette bey 2000. Jagthunde / die theilet er auff die Dörffer aus / vnd auch sonst vnter die Leute / da muste einer hie so viel / der ander dort eine gewisse zäl Hunde ernehren vñ hüten / Welchs den armen Leuten zu grossen nachtheil / verderb vnd schaden gereichete. Darneben sie auch in forcht vnd sorgen sitzen musten / denn er vmb eines geringen versehens willē / vber alle mas grewlich pflegete zu straffen / Vnd war auch sonst ein solcher Tyran /

Nota.

das er einmal einen mit alle seinem Hausgesinde vnd Verwandten hat hencken lassen / nur darumb / das sie ein wild Schwein gefellet / vnd aus dem saltz gessen hetten.

Jagteufel.

Paulus Iouius lib. 2. Elogiorum Tit. 9. Vñ im 9. buch von den Meilendischen Vicegraffen schreibt jtzt gedachter Jouius also / Es war Graffe Barnabas in vnseglichen abgunst vnd vnwillen bey allem Volck gerhaten / Deñ er war vber die masse ein harter grausamer Man / vnbarmhertzig / vnd vnerweichlich / vnd ward je elter je erger / Vnd als er armut halbē auch geitzig vnd zugriffisch ward / hies man in nicht allein einē geitzhals / sondern auch einen greulichen Wüterich. Denn vber das / das er sein arme Leute / mit einer schatzung vber die ander beschwerete / vnd in armut vnd verderb führete / Lies er auch ein vnerhört vnd schrecklich Gebot ausgehen / das man aus kundschaffen vnd fahen solte / all die in fünff jar herwider sein voriges verbot / entweder selbst wilde schwein gestochē / oder davon vber ander

Schrecklichs Edi

Jagteufel.

ander Leut Tische gessen hette/ Vñ für also schwinde mit vnbarmhertzigen vrteilen/ vnd vnabbitlichen Sententz/ das er mehr denn hundert armer Bawren lies hencken/ Den andern nam er was sie hatten/ vñ jagt sie zum lande hinaus. Er hette in die Dörpffer/ so den jagten gelegen waren/ etliche tausent Hunde vnter die Bawren ausgethellet/ welche sie mit grosser vnkost jm erziehen vñ halten musten/ Darüber hette er sonderliche Vnneuögte verordnet/ die mit jren Hundeknechtē im Lande herumb zogen/ vnd die arme Leute jres gefallens plagten/ trotzeu vnd pochten vbermütiglich/ wenn sie wolten/ hetten jre eigene Hunde Register/ daraus sie die Hunde besahen/ ob sie auch also waren/ wie sie die vberantwortet hetten/ vnd möchten leichtlich eine vrsach finden/ das sie einen armen Bawren

weudg.

mit schlegen strafften / oder vmb
Gelt busseten. Es könte bey jnen kei=
ner kein danck verdienen / vnd wa=
ren in gleicher schuld / sie hetten die
Hund fet oder mager gehalten /
waren die Hunde mager / dürre
vnd streubig / so gab man den ar=
men Leuten schuld / sie hetten sie
mutwillig ausgemergelt / vnd wol
len hungers sterben lassen / Waren
sie denn fet vnd wol bey leibe / so
sprachen sie / man hette sie zur jagt
vntüchtig gemacht etc.

ABer dieser Tyran ward nach Gerechte
Gottes gerechten vrtheil zu letzt in straffe Got=
seinem eigen schlos Triciana / wel= tes.
ches er new gebawen / bey sieben
Monden in schwerer gefengknis
gehalten / darinnen er auch gestor=
ben / wie man sagt durch gifft ge=
tödtet.

SOlche Tyranney hat Gott
dem Herrn keines weges gefallen
können / Vnd ich achte / das es
noch

noch ein anzeigung seines zorns sey/ daran man mercken sollen/ das er der beschwerlichen Hundezucht nicht aller dinge vergessen habe. Das sich Anno 1541. bey zwey hundert Hunde/ bey Alexander nicht weit von Meiland gesamlet/ vnd darnach gleich auff Meiland gelauffen sein/ vnd viel Leute auff dem Felde hart beschediget haben. Wie Job Fincelius in ersten theil der Wunderzeichen anzeiget/ Etlich schreiben der Hunde sey nur 20. gewesen/ etc.

Versamlung vieler hunde.

MAn findet noch wol/ die jre arme Vnterthan mit solcher Hundezucht zum höchsten beschwerē/ oder die Hunde zuerhalten/ sonderliche stewre vnd anlage auff die Vnterthanen schlagen/ oder doch mit abbruch vñ versevmung Haus armer Leute/ auff die stinckenden Jagthunde vnnütze vnkost wenden. Das man auch an vielē örten vmb

Hunde sucht.

vmb der Hunde willē/ den armen nicht ein Tellerbrot für die Thür gebe. Viel löblicher ists/ das Raphael Volaterranus von Bapst Felix dem fünfften schreibet/ welcher zuvor Amedeus geheissen/ vnd ein Hertzog zu Sophoy gewesen war Als derselbige von etlichen statlichen Legaten/ die in wichtigen sachen zu jm abgefertigt waren/ gefraget wurden/ Ob sein Bapstliche heiligkeit etwan gute hübsche Jagthunde hette/ das sie dieselbigen jnen wolt zeigen lassen/ hat er sie auff den andern tag wider beschieden/ vnd jnen einen grossen hauffen armer Betler gezeigt/ welche er zu speisen gewonet/ vnd gesagt/ sehet das sind meine Jagthunde/ die ich teglich nehre/ mit welchē ich verhoffe die Himlische Gloria/ vnd herrligkeit zuerjagen. Dieser Bapst hat auch vmb friedens willē das Bapsthumb faren lassen/

(Marginalie: Amede Hertzog Sopho)

laſſen/ Anno 1447. Joan Baleus lib. 5. Pontificum.

DAs gegenſpiel treiben itziger zeit etliche Potentaten/ die nicht allein der armen wenig achten/ ſondern brauchen auch der Bawren an Hundes ſtat/ das ſie wie die Hunde bellē/ das Wild anfallen/ Jagen vnd hetzen müſſen/ vnd machet mans warlich ſeltzam.

awren aſſen bunſein.

ES hat auch etwan ein Herr ſeiner Vnterthanen einen (darumb das derſelb ein Schwein gefellet) zu kalter Winters zeit in Rein geiagt/ darinnen er ſo lange ſtehen müſſen/ bis er eingefroren/ welchs jm ſein leben lang an ſeiner geſundheit geſchadet.

Sonſt ſol ein groſſer Herr einē/ vmb gleicher vrſach willen haben nacket anbinden/ vnd alſo erfrieren laſſen.

ES iſt auch eine ſage/ das man einen armen Menſchen vmb Wildes

Jagreufel.

des willn gehencket / dem hernach also hangend aus dem kopff (etliche sagen aus den Augen) kolben sollen gewachssen sein / wie den Dirschen wen sie geweihe erstlich setzen.

Hertzog Vitolt in Littaw ist ein solcher Tyrann gewesen / wenn er jemandes zum Tode verurtheilt / so hat man denselben müssen in ein Beren haut einnehen / vñ darnach mit Hunden hetzen / vnd also zu reissen. Sabellicus lib.8.cap.3. Exemplorum. Wie auch der Thessalisch Tyrann Alexander Phereus / des einen gebrauch gehabt / das er viel Menschen in Beren / Lewen vnd Wolffes heute einnehen / vnd also verderbē lassen / oder den Hunden fürgeworffen / das sie jamerlich zerrissen wurden (Plutarchus in Pelopida) Er hat aber auch seinen Lohn / wie einem solchen Ty-
ran-

Vitoldus Hertzog zu Littaw.

Alexand Phereus

pannen gebüret/ bekomen/ vnd ist in seinem Bette erstochen worden.

ES ist zwar nicht sehr lang/ Anno 1558. (ist mir recht) das der hochwirdige Vater (Gott verzeihe mirs) der Ertzbisschoff zu Saltzburg/einen Bawren/ der jagt halben/ hat in ein Dirschen haut vermachen/ vnd also hetzen lassen.

Ertzbischoff Saltzbg.

Jst im Herbst vmb Ruperti geschehen/das des marckts halben/ sonst viel frembde Leute gen Saltzburg kome/ damit solchs Bischoflichs vnd Geistlichs werck/ ja nicht verschwiegen/ sondern weit gnug jm zu besondern lob vnter die Leute keme. Vielleicht ist der Forst Teufel/ der Anno 1531. im Hansburger Forst im Stifft Saltzburg gefangen worden/ eine Figur gewesen/ Dardurch Gott wollen zuuerstehen geben/ das noch so ein Bawren Teufel/ vnd Bawren jeger

Bawren jagt.

Forst Teufel

Jagteufel.

seger Ertzbisschoff zu Saltzburg werden solte. Von itzgedachtem Wunderthier magstu lesen in Job Fincely / oder Conradi Lycosthenis Büchern / von Wunderzeichen.

MAn lieset auch von einem Bischoffe in Vngern / der einen fromen Euangelischen Prediger / darumb das er geleret / Es were fleisch essen in der heiligen Schrifft nirgend verboten / erstlich in Gefengnis geleget / darnach vber etliche wochen heraus genomen / vnd jn mit Hasen / Gensen / vnd Hünern behengt / vnd die Hunde an jn gehetzt hat / welche jm solchs alles vom leibe gerissen / auch die Kleider zerzerret / vñ in auch bisweilen mit ergnapt habē. Also hat er jn durch die Stad gejagt / des haben die andern schelmen vnd Baalspfaffen gelachet / vnd ir freud darob gehabt / Vat aber mit dem Bischoff

Vngarischer Bischoff.

Jagteufel.

nicht lange geweret/ denn er in wenig tagen hernach in kranckheit gefallen/ vnsinnig worden/ vnd ein schrecklich ende genomē. Ioannes Gaustius Tomo 2. Conui. Serm. O jr Papistischen Prelaten/ die jr ewre arme Leute mit Geistlicher vñ leiblicher Tyranney geplaget vnd jaget/ Wie wirdt ewer Jegermeister der Teufel auch ein mal eine Pfaffenjagt mit euch halten/ vnd in der Helle mit euch rumb wüschen/ da jr vnd andere vnbarmhertzige Bawren jeger gar schwere zeit habē werdet/ Gott gebe das jr euch erkennet vnd bessert.

DJeses habe ich von der Tyrannischen greuligkeit sagen müssen/ so bey vnd vmb der Jagten willen geübet werden. Daran etliche Fürsten/ Graffen vnd Herrn/ vnd viel vom Adel/ kein lust noch gefallen vnd doch aber gleichwol der mehrertheil/vnter den grossen Herrn sich solcher greulicheit nicht schemen. Welchen es Gott aber/da sie nicht davon abstehen/gar nicht wirdt schencken.

VIII.
Erfinder vnd Anfaher der Jagten.

ES habē auch zwar die so das Jagen zum ersten erfunden/vnd hernach geübet vnd getrieben/wenig lobs in der Schrifft/vnd ausgenomen die/so Xenophon mit Namen erzelt (die in Gottes furcht vnd ohne anderer Leute schaden das Wild gejagt) wird man warlich wenig fromer Jeger finden.

Gottfridus Viterbiensis parte. 2. Chronicorum schreibt.

In mundo Ladabel posuit tentoria primus
Venator prior ipse fuit, feritate ferinus.

Vnd Cornelius Agrippa sagt
frey

frey heraus vnd spricht/ Lieber las
vns nur alle Bücher durchforschē/
so werden wir doch fürwar beide
in der heiligen Schrifft/ vnd auch
in den Heidnischen Chronicken/
keinen heiligen/ keinen weisen noch
sonst hochverstendigen Jeger fin=
den/ Denn es ist gewislich eine
verfluchte Kunst / ein vnnützer
vleis/ ein vnseliger kampff/ das ei=
ner mit so grosser arbeit / vnd viel
wachen/ von einer mitternacht zur
andern/ soll mit den vnuernünffti=
gen bestien streiten vnd fechten. Ja
wol ein greuliche vnd mördliche
vbunge/ da die gröste wollust ste=
het/ in würgen vnd blutuergiessen/
Dafür sich doch Menschliche Na
tur billich solt entsetzen. Dierinnen
haben sich von anfang der Welt
allezeit/ die ergesten Schelck vnd
gröbsten Sünder am meisten ge=
übet/ Deñ die heilige Schrifft rech
net für starcke Jeger/ den Cain/
La=

Lamech/Nimroth/Ismael/Esau/etc. so findet man im alten Testament nicht/ das sich jemands Jagens beulissen habe/ ohn was die Ismaeliten/ vnd Edomiter/ vnd andere Heiden gethan/ die Gott sonst nicht recht erkant habē. Vom jagē hat die Tyranney frē anfang genomen/ deñ sie konte auch keinen bessern anfaher haben/ deñ einen solchen gesellen/ der sich mit würgen vnd schlachten der wilden Thiere/ gleich als im Blut vmbwaltzte/ vnd also Gott vnd die Natur verachten lernete etc. Das sind ohn gefehr Agrippe wort/ vnd ist auch war/ eben darüber/ das die Menschen jren vleis legen auff wilde Thier/ zur wollust/ zu würgen/ entwonen sie der Menschlichen freuntligkeit/ werden wilde/ frech vnd vnbarmhertzig/ vñ also gleich wie der Acteon in der wilden bestien Natur verwandelt. Eusebius

Jetzt iñ der Bibel.

M 4

li. 1. de præparatione Euangelicæ cap. 7. schreibt/ das jagen sey von **hoenicier** den Phoeniciern/ dem gantz Abgöttischen Volck erfunden wordē. Andere zeigē an/es sey erstlich auff **Thebaner** komen bey den Thebanern/welche Leute von wegē jrer betrieglikeit/ meineid/diebstal/ vnd das sie offt jr eigen blutfreunde/Vater/Mutter/Bruder vnd Schwester ermordet/vnd mit denselben schande begangen/gar einē bösen namen bey jedermenniglich haben. Vnd von jnen sol diese vnselige vbung an die **Phrygier.** Phrygier komē sein/welche nichts wenigers vnzüchtige/ leichtfertig vnd thöricht Leute gewesen. Vnd darumb auch von den Atheniensern vnd Lacedemoniern (die denn tapffere vnd Erbare Leute waren) sind verachtet worden. Vnd da **Athenienser** auch hernach die Athenienser wider jre Vorfarn Gebot/ sich auffs Jagen begeben/ vnd solchs als

Jud. eine

eine gemeine vbung zugelassen haben/ da sind sie leichtlich von jren Feinden vberwunden worden.

Pyseus ein Welscher Meerrau- Pyseus. ber/ hat zum ersten (wie Plinius maldet) die schweinspies erfunden/ vmb die zeit/ als König Salomon regieret.

Namhaffte vnd berhümete Jeger.

Xenophon erzelet etliche Namhaffte Jeger (in seinem Büchlein vom Jagen) vnd sind nemlich diese/ Chiron/ Cephalus/ Aesculapius/ Milanion/ Nestor/ Theseus/ Hippolytus/ Palamedes/ Vlysses/ Menesteus/ Diomedes/ Castor/ Pollux/ Machaon/ Podalirius/ Antilochus/ Aeneas/ Achilles/ etc. Derer sind viel gewaltige Ertzte gewesen/ hohes verstandes in erkentnis der Kreutter/ vnd der eigenschafften der Thiere/ Vögel/

steine vñ andere Creaturn. Dagegē halt man die Jeger itziger zeit/da wird man einē grossen vnterscheid finden. Obgedachten Jegern aber sind vmb ein gut teil nachfolgēde nicht zuuergleichen/die doch auch tapffer Leute gewesen/nemlich/ Alexander Magnus / Mithridates/Darius/Epaminondas/Jason aus Thessalia/Pelopidas von Thebe/Gelonis des Herculis sōn/ Masor ein Deutscher / Viriatus ein Hispanier/ Ferdinandus Kōnig zu Arragonien vñ dergleichen/ die doch an Tugenden itziger zeit Jeger weit vbertreffen.

Sonst findet man bey den Poeten vnd Historien schreibern noch viel mehr Jeger/vnter welchen die fürnembsten sind diese/Delymus vnd Panopes Aeneid. 5. Lausus des Mezentij Son / Aeneid. 7. Amycus. Aenei. 11. Et Pholus, Et Melaneus & Abas prædator aprorum. Ouid.lib.12.Meta. Carpophorus. Martial.lib.1. Est quota Carpophori portio fusus aper. Aconteus cui sueta feras prosternere uirtus. Statius lib. 7. Mopsus Cretensis apud Sillium. Italicum lib.1. Crocus Philocteres, apud Ciceronem lib.5.de finibus. Perdix apud Cœlium lib.16.cap. 15. Endimion. Gargilius. Horat. lib 1.Epist. vñ andere mehr/ derer hernach im eilfften/12. vñ 14. Artickel wirt gedacht werden. Dieser etlicher sind mit grossen vñ schrecklichen lastern befleckt gewesen. Diocletianus der Keiser ist ein schwein Jager gewesen/was er aber für vntugend darneben an sich gehabt/ bringt seine Historia mit sich.

Ich mus vollend hier auch der Jegerinnen gedencke̅/ derer name̅ man in schrifften findet/ vnd sind diese

piese/Procris des Cephali Weib/
apud Quidium. Atalanta. Meta
morph. 8. Calisto. Fast. 2. Diana.
Crane. Fast. 5. Arethusa. Virg. Ge
or. 4. Ammione. Britona. Hippe
des Chironis Hausfraw/etc.

Dieweil nu die anfaher der
Jagten nicht gut gewesen/vnd we=
nig Jeger einen guten Namen ha=
ben/solten billich vnsere Jeger jre
sachen dahin stellen/ vnd die gros=
sen vnbilligkeiten abschaffen / da=
mit sie nicht viel ein ergere nachre=
de jnen macheten.

IX.

Böser name der Jagten.

DJe vnbillichen Jagten solten
warlich darumb vermidten / oder
doch zum wenigsten auff andere
wege gerichtet werden / Dieweil
die heilige Schrifft/vñ sonst auch
andere Scribenten / der Jeger sel=
ten wolgedencken.

S v

Jagteufel.

SO viel die Schrifft belangt/ saget S. Hieronymus/ Das wort Jeger werde darinnē nie in gutem verstand oder deutung gebrauchet. Wie aus etlichen Exempeln solchs leicht ist zusehen.

Psalmo 91. stehet. Der HERR errettet vom strick des Jegers/ Das ist/ des Teufels/ welcher den Gleubigen heimlich stricke leget/ vnd sie offentlich Jaget vnd verfolget.

1. Der Teuffel ein Jeger

Micha. 7. Sie lauren alle auffs Blut/ ein iglicher Jagt dem andern/. das er jn verderbe/ etc. Da schreibt Doctor Luther seliger in seiner Auslegung vber diese wort also/ Der Prophet straffet hie beide/ die Tyranney/ vñ den geitz der Gottlosen. Es ist vmb das Jagen ein müheselig werck/ da braucht man Hund zur gewalt/ vnd stricke zum list/ vñ kein Jeger machet sich blos an die wilden Thiere/ nein

2.

nein trawen / er nimpt Speiſz / Büchſſen vnd ſchwerdt zu ſich. Dis gleichnis nim nu / vnd halt es gegen das Hoffelebē / derer Fürſten / die jren Vnterthanē nach den Gütern vnd der Narung ſtehen / Halt es auch gegen die Kauffhendel / vnd alle andere gewerb / dadurch man ſich vnterſtehet / reich zu werden / ſo wirſtu wunder / rencke vnd greiffe finden / dadurch die Leute auff nichts anders gehen / denn das ſie nur viel vnd vbrig zuſamen krimmen vnd kratzen / damit ſie genug haben / wenn auch gleich die andern alle ſolten armut leiden / vnd hungers ſterben / etc. Das ſind Lutheri wort aus dem Latein verdeutſchet.

Dieremie 16. drewet Gott vnd ſpricht / Darnach wil ich viel Jeger aus ſenden / die ſollen ſie fahē / auff allen Bergen / auff allen Hügeln / vñ in allen Steinritzen. Das deu-

deutet Doctor Joannes Bugen=
hagen Pommer/ nicht auff die A=
posteln/ wie etliche/ auch vnter den
Vettern gethan/ sondern verstehet
es von den Chaldeern vnd saget/
Es müssen diese Fischer vñ Jeger/
böse Fischer vnd Jeger sein/ Denn
Gott drewet ja / das er durch sie
die missethaten des Volcks wolle
heimsuchen. Vnd bald darnach/
schreibet er/ Sihe/ wie fein eigent
lich nennet er die erstē verherer des
Lands/ Fischer/ Die andern Je=
ger / denn die Fischer haben kein   Fischer.
ander rüstung/ deñ das sie mit Ne
tzen die fische in stille fahen. Das
geschach/ Als sich König Joa
chim/ an den König von Babel er
gab/ vñ Zedekias zum König gen
Jerusalem verordnet ward / 4.
Reg. 24. Die Jeger aber schreckē/   Jeger.
vberfallen/ fahen vnd tödten das
Wild mit grossem getümmel vnd
geschrey/ mit Hunden/ Pferden/
vnd

vnd Schweinspiessen/etc. Augustinus nennet das Jagen die aller schalckhafftigste Kunst (artem omnium nequissimam.)

WAs aber ander Scribenten belanget/ gedencken dieselben des Jagens warlich nicht sehr wol.

Flauius Blondus lib. 2. de Roma triumphante schreibt/ Was kan doch ein Erbar Man für lust am Jagen habe? Da entweder ein vnuermüglicher Mensch/ von einem starcken wildē Thier zerrissen/ oder ein fein herrlich Wild mit einem scharffen schweinspies durchstochen wird.

VNd Cassiodorus nennet das Jagen ein greulich Spiel/ ein blutdürstige wollust/ vñ ein wilde greuligkeit der Menschen. Dergleichen schreibt auch Olaus Magnus lib. 18. cap. 43.

Ich mus hie des Erasmi Rotedami

dami wort auch her setze / die er in seiner Moria schreibt / da er also *Erasmus* sagt / Dieher (verstehet in das Nar renregister) gehören auch die / so nichts liebers thun denn Jagen / vnd sich rhümen dürffen / jnen sey *Nota.* nimmer besser / wolten auch nichts lustigers wündschen / denn weñ sie das vnfletige blasen der Jagthör ner / vnd das schendtliche heulen der Jagthunde hören. Ich gleube wenn sie (mit züchtē) ein Hundes= dreck riechen / sie nemen nicht Die= sam dafür.

DArnach sihe nur wunder (sagt Erasmus) was sie für herrligkeit haben / wenn sie etwan ein Wild zerlegen sollen / Rinder vnd Wem= mel mag ein jeder gemeiner Bawr schlachten / aber das Wild nicht ein iglicher / er sey denn einer vom Erbarn Geschlecht. Da kömpt denn ein solcher / setzt seinen hut dorthin / bücket / kniehet / vñ neiget

ñ   sich

ſich/ nimpt ſeinen Weidplotz (deñ mit andern meſſern tôcht es nicht) treibt ſeine poſſen/ vnd zerlegt ein jeder ſtück auff ſein ſondere art vnd weiſe/ mit groſſer andacht. So ſtehen die andern vmbher/ habē das maul offen/ nicht anders mit ſolchem verwundern/ vnd vleiſſigem auffmercken/ als hetten ſie all jr lebenlang dergleichen nicht mehr geſehen/ ſo ſie doch zuuor wol hundertmal mehr dabey geweſen. Vnd wenn es denn einem ſo gut wird/ das er auch ein ſtück dauon bekönipt/ Hilff Gott/ da iſts köſtlich ding/ ein ſolcher leſſet ſich düncken/ er ſey noch eins ſo edel/ als vorgeſtern/ vnd was ſol ich ſagen/ wenn ſie alle tage Jagen/ Wild fangen vñ eſſen/ ſo haben ſie nicht viel mehr dauon/ denn das ſie ſelbeſt ſchier zu wilden Thieren werden/ vnd meinen dennoch/ ſie haben gar herlich gelebet.

Nota.

Die=

DIeses sind Erasmi wort. Ich
wolt nicht gern also reden/Es ge=
schehe den ohngefehr ein mal oder
zwey. Jagen stehet am meisten in
vngewisser hoffnung/man werde
etwas fahē/aber ehe mans sehet/
kan sich wol zehennerley verhinde=
rung drein finden. L. Naturalem.
ff. illud in ff. De acqui. rer. domi.

JCh bin ein mal von Witten=
berg nach den Meisnischen Berg=
stedten gezogē/da hab ich zu Bel= An. 1544
gern in der Derberg eine solche be=
schreibung/derer so dem Jagen
vbermas nachhengē/an der wand
verzeichnet gefunden/ Gentiluir. Gentiluir
est bestia, sedens super bestiam,
ducens bestias, gerensque super
manum bestiam, & insequens be
stias. Das ist/Ein Juncker (der
nur dem jagē ergebē ist) ist eine Be=
stia/sitzend auff einer bestia(auff ei
nem Ros) vn̄ leitet nebē sich bestien

N 2 (Dun=

(Wunde) führet auff der hand eine bestien / (den Sperber oder Habich) vñ jagt die bestien (das Wild) Ist fürwar ein fein muster.

 Ja (sprechẽ die Jeger) sind doch S. Eustachius / vnd Sanct Dauprecht auch Jeger gewesen / vnd sind doch vnter die Heiligen gezelet? Das lasse ich sein / weñ es war ist / Doch heisset es / Vna Hirundo non facit uer. Vnd wie der Westfale saget / Vmb einer bunter Kraie willen wirdt nicht Winter. Sanct Eustachij legende / wie die Petrus de Natalibus lib. 5. ca. 22. beschreibt / ist einer Fabel mehr / deñ der warheit ehnlich. Also das auch der abtrünnige Mammeluck / vñ Papistische Fuchsschwentzer / Georg Witzel / selbest nicht viel dauon helt / vnd zwar Gerhardus Lorichius (der mit Witzeln wol hinleuffet) saget auch / Las vnser

i. Eustaius.

Georg Witzel.

Jagteufel.

ser Jeger thun/ was Eustachius vnd Hubertus gethan haben/ las sie abstehen von jren wollusten/ Die sie sonderlich im Jagen suchen/ vñ las sie dagegen nach weisheit trachten/ wie sie Recht vñ Gerichte halten/ der armen Witwen sachen örtern/ vnd den Gottesdienst fördern mögen/ so wollen wir sie auch für Heiligen halten. Vnd Herr Hans von Schwartzenburg saget.

S. Hubertus.

> Jn aller Heiligen leben Buch
> Nicht mehr denn einen Jeger such
> Zu rechter zeit stalt er das ab
> Solchs dir für ein Exempel hab.

SJe sagē auch wol/ das Menschen lust sey sein Himelreich. Darumb wer lust zu Jagen habe/ dem sey Jagen sein Himelreich. Das kan ich vnd kein Mensch jemand wehren/ das einer sein Himelreich hie haben/ vnd darnach ewig zum Teufel in abgrund der Helle fare.

Jagen so ein Himelreich sein

Jagteufel.

Das weis ich aber wol/ das nicht zwey Himelreich sein/ Vnd lesset sich jemand düncken/ er habe sein Himelreich am zeitlichen vnd vergenglichen/ so wirdt ers warlich am ewigen nicht haben. Vnd das wolt auch folgen/ wenn des Menschen lust sein Himelreich ist/ das Fressen/ Sauffen/ Hurerey treiben/ Geitzen/ Stelen/ Hoffart/ Todtschlag/ vnd dergleichen laster/ darinnen viel Leute jre lust suchen/ jr Himelreich sein muste/ Furwar ein schön Himelreich/ darein solch vnrhügig Engel/ vnd Heillgen gehören.

X.

Geilheit vnd Wollüste bey dem Jagen.

Jagreuter:

fertigkeit/gar gros vrsache geben. Da jemand hierinnen der lieben Veter zeugnis nicht gleuben wil/ der lese den Heidnischen Poeten Virgilium/ da er der Didonis pracht beschreibet/Da gedenckt er nicht alleine/ jres herlichen vñ Königlichen Saals/jres vielen Gesindes/vnd Seitenspiels/sondern beschreibt auch jre Jagt/ vnd eben eine solche Jagt/ die eine vrsach war/das sie vmb jr ehre/ vnd vmb jr Leben kam/Was ist auch das itzige Jagt anders/ deñ eine schedliche Wollust/ vnd ein zunder der Geilheit. Solte solches nicht Sünde sein/sonderlich/ wenn man darneben alles gutes vnterlesset/ man verseumbt vmb Jagens willen den Gottesdienst/ man bettet nicht/ man schaffet Witwen vnd Weisen kein recht/ohne was sonst für Gottes lesterung vnd ander Sünde sich vber dem Jagen zutragen.

Dido zu Carthago

n 4   Georg

Georgius Nigrinus/ im Büchlein wider die rechten Bachanten sagt.

Wenn man ju sagt von dem Himel
Sprechen sie/ Ja het ich hie mehl
Drumb gehts auch wie für zeiten zu
Man sitzt beim Tisch in guter rhu
Zu essen vnd trincken ohn ziel
Vnd stehet wider auff zum spiel
Darnach man leufft/ jagt vnd rent
Das ist aller sorg vnd werck end
Darin sucht man die Seligkeit
Es sey auch Gott lieb oder leid
Verspotten gentzlich alle sag
Vom letzten Gericht vnd Jüngsten tag
Alle zeichen schlahen sie in wind
Der man jtz allenthalben sind
Das der Welt end gewislich sey
Für der Thür vnd komen herbey/etc.

Sie haben solche Wollust am Jagen/ das sie auch dürffen sprechen/ Wenn kein Jagen were/ so were kein leben. Sie wolten essen vnd trincken stehen lassen/ wen sie nur stets Jagen möchten.

Einer hette ein mal gesagt/ Wenn vnser HERR Gott wolt mit jm wechsse-

Jagteufel.

wechsseln lassen/ so wolt ich/ das er mich für mein theil des Himelreichs / hie ewig möchte Jagen lassen/ Sind das nicht feine rede?

Sie kützeln sich selbst mit dem Jagen/ das sie so vermessen werdē/ das sie einem dürffen die Haut zusagen/ ehe sie den Beren gestochen haben/ wie jener Jeger bey dem Aesopo.

SOlche vermessenheit kan Gott nicht leiden/ denn er den Hoffertigen trefflich feind ist/ Wie er solches an dem stoltzen König Nebucadnezar beweiset/ Danielis 4. welcher wie ein vnuernüfftig Thier von Leuten verstossen ward/ vnd sieben Jar lang vnter den wilden Thieren im felde sein/ vnd gras essen muste.

Nebucadnezar.

XI.
Gefehrligkeiten auff dem Jagen.

Jagteufel.

WEr könte doch alle gefehrlig=
keiten erzelen/ die sich auff den Jag
ten zutragen / darein sich die fre=
chen Jeger mutwillig stecken/ wie
Mantuanus saget:

Quis scelerum comprehendere formas.
Quis omnia pœnarum percurrere nomina possit

Ich wil etliche Exempel erzelen.

Xenophon lib 1. de pædia Cyri
schreibet ein solche Historia. Als
der König Astiages vermercket/
das der junge Cyrus gros begirde
vnd verlangen hette/ auff die Jagt
zu reiten/ Hat er jn mit seiner Mut
ter Bruder hinaus geschickt/ vnd
jm etlich gut alte/ vnd erfarne Reu
ter zugeordnet / die auff jn vleissig
achtung haben solten/ das er nicht
etwan der wege / oder stückeln
Berge halben schaden neme/ noch
vom Wilde beschediget würde.
Cyrus war fro/ vnd fragte seine
Mitgesellen vnterwegen / an wel=
ches Wild man sich am sichersten

Jagteufel.

machen möchte / welchs widerumb zu meiden / oder fehrlichen anzufallen. Sie antworten jm / das sich viel Leute an den Beren / vnd wilden Schweinen / desgleichen an Lewen vñ Pardeln versucht hetten / vñ darüber weren vmkomen / aber mit Hirschen / Rehen / Hinden / Gembsen / vnd Waldeseln / were es nicht so fehrlich / Sie sagten auch man müste nichts weniger auff die gelegēheit der örte achtung gebē / als eben auff das wild / deñ mancher in der hast nach dem wilde / mit dem Gaul den hals gestürtzt hette / Das merckete Cyrus alles mit grossem vleis. Aber in dem siehet er ohn gefehr / eine schöne Winde daher springen / vergas

Jagteufel.

an/ vnd fiel auff die fördere knie/ vnd hette jm bey nahe den hals gestürtzt/ wo er sich nicht so hart vnd doch kümmerlich am Pferd gehalten hette/ Doch bracht er es bald wider auff/vnd ereilet die Winde für dem Walde / da er sie auch schos vnd fellete.

2.
Keiser Hadrianus.

Vom Keiser Dadriano schreibt Xiphilinus/ das er auff der jagt fallēd/ ein Achselbein zerbrochē habe/ vnd ein schaden am schenckel genomen / dauon er sein lebenlang gehuncken hat.

3.
Alexander Magnus.

Es sol auch der gros Alexander auff der Jagt von einem Beren gebissen/vnd zerkratzt sein worden.

4.
Maximilianus Keiser.

WAs Keiser Maximilianus für gefahr auff Jagten ausgestandē/ wirdt mit zierlichen Reimen im Theurdanck beschrieben / als mit Pirschen im 13. vnd 30. capit. Da er einen pfeil nach einem Pirschen gerichtet/ schier in sich selbst ge=

schössen hette. Item/cap. 33. Da
er mit dem Ross vber einen hohen
felsen abspringen müssen. Item/
cap. 40. Da er auff den Hals ge=
stürtzt. Item/cap. 40. Also hat er
gefehrligkeit mit Beren ausgestan
den/ cap. 14. 25. 28. vnd mit wil=
den Schweinen/cap. 17. 19. 35. 38.
41. 51. 61. 68. da er gemeiniglich
schier nichts gewissers/ denn den
Tod für augen gehabt.

 ICh kan nicht vnterlassen alhie
zu erzelen eine Historia/ von Kö=
nig Maximiliano/ des itzt regieren
den Keisers Ferdinandi Söne/
was demselbigen wunderbarlichs
auff einer Jagt begegnet/ Wie
solchs Joannes Justinianus aus
Creta burtig sehr schön im Latin
hat beschrieben/ vnd helt sich dar=
umb also.

 ALs dieser Maximilianus itzt
erwehlter König zu Behem/ von
seinem Vetter Keiser Carolo/ der
      im

5.
König
Maximili=
anus.

jm sein Tochter zugesaget hette/in
Hispanien erfordert war/vnd sich
auch zu wasser hinein gemacht
hatte/das er erstlich beilager hiel=
te/vnd darnach auch dem Lande
vnd den Königreichen mitler zeit/
weil der Keiser in Deutschlanden
die sachen/ so noch vnrichtig wa=
ren/vollend stillete/ wol fürstünde.
Dats sichs zugetragen/das er sich
zuergötzen/ bey Granata auff die
Jagt gezogen/ vñ als er auff einen
Hirsch gestossen/hat er demselben
eilend nachgesetzt/ darüber er von
seinem Gesinde in die wildnis ko=
men ist/ vnd nach dem er lange ei=
nen Berg auff/ den andern ab/
durch manchen jrre weg vmbgerit
ten/vnd die Nacht nu hereiner ge=
fallen / hat er sich gantz betrübt
(den er für den wilden Thieren sich
trefflich besorget) mit grossem ver=
langẽ vmbgesehn/ob er doch möch
te eins orts gewar werden / da er
hin

vnd auffs eilends sich hinzu gemachet/vnd den Wirten gebeten/das er in die Nacht herbergen wolte/welches jm der Wirt gütlich zugesaget hat/vñ jn heissen absteigen/vnd in das Deußlein gehen. Nu war der Wirt selb sechst zu haus/denn er hette einen Son von zwentzig Jaren/bey sich/vnd einen starcken Schefferknecht/zu aller Büberey nur wol abgericht/desgleichen sein weib/vñ ein kleines Töchterlein/sampt des Sons Weib/die noch ein junge braut vñ newlich heimgefüret war. Da nu der frome Fürst abgestiegen war/vnd sein Ros dem Schefferknecht dem selbē ein futter zu gebē. vberantwortet hatte/gehet er in des Wirten Daus/da jm eine kurtze Malzeit

zu=

zugericht/ vnd etwan ein gerichtlich
von einem Lemblein oder Ziglin
fürgesetzt ward/ vnd saß alda bey
dem fewr ohn alle sorg/ mitlerweil
kondten der Wirt vnd sein gesinde
nicht wissen/ wer der Maximilianus sein möcht/ denn sie kandten
jn nicht/ so het er auch niemand ge
saget wer er were/ Sie liessen sich
aber wol dünken/ dieweil er wol
bekleidet/ vnd vielleicht auch Ring
vnd Edelgestein an Henden ge-
habt/ vnd darzu vom Angesicht
wol vnd Edel geartet war/ Es mu
ste nicht ein geringer/ sondern ein
trefflicher/ reicher/ wolhabender
Herr sein (wie er denn auch war.)
Verhofften derhalben etwas stat-
lichs bey jm zu finden/ vñ beschlossen also vber jn/ einen bösen vnd
mördlichen rhat. Als man nu gessen hette/ ward jm ein Bette zuge-
richt/ in einer gar kleinen vñ engen
Kamer/ daran gar ein böse Thür
hing

mördlicher
schlag.

Jagteufel.

hing/ die von alter faul vñ zerbrochen war/ vnd darzu nicht wol ein schlos/ Weil nu die andern hiemit zu schaffen hetten/ findet sich die junge Braut zum Maximiliano/ begeret er wolle sie ja nicht meldē/ Sondern bey seinen ehren vñ trewen zpsagen / was sie jm anzeigen werde/ bey sich zubehalten/ vnd da er das gethan / hat sie jm alle die bösen anschlege (so vber jn gemacht gewesen) geoffenbaret/ entweder darumb / das sie erstlich vmb dis mördlich fürnemen gewust/ vnd drein bewilliget hat/ welchs sie hernachmals gerewet/ oder (welchs gleublicher ist) das sie vielleicht nicht mit zu rhat gezogen worden/ vnd aus der andern zusamen lauffen/ wincken vnd geberden/ so viel vernomen/ das sie nichts guts im sinne gehabt/ vnd hat sie also solches zu offenbaren bewegt/ das grausame mördliche

fūr-

Jagteufel.

fürnemen/vñ das sie mit dem jungē Herrn hertzliches mitleiden gehabt. Wiewol nu der frome Fürst solchs fürnemē leichtlich hette vorkomen mögē/ so er nur angezeiget/ wer er were gewesen / so hat er doch lieber sich mit der faust zuretten versuchen wollen/ denn das er den Wirten sich solt trawen/ die er albereit vntrew/ vnd in solchem bösen fürnemen het befunden. Demnach hat er ein Hertz gefasset/ vnd bey jm beschlossen / ehe das glück zuuersuchen/ Denn den trewlosen Buben etwas zuuertrawen.

Hierauff ist er von seinem Wirt in die Kamer / darinnen er solt ermordet werden / geführet/ Dahin er one wegerung gefolget/ hat darnach die Thür zugemachet / vnd einen grossen schweren Kasten dafür geruckt / darnach sein Pirsrohr oder Büchsse / wie die geladen vnd gespannet gewesen/

sen / zu handen genommen / vnd so vnerschrocken gewartet / wo es hinaus wolte. Der Wirte hette wol gesehen / das sein Gast vom Jagen / vnd vmbreitten sehr müde gewesen / meinet derhalben / er sey nu hart entschlaffen / gehet also gantz leise vn̄ heimlich an die Kamerthür / vnd versuchet dieselbige auffzumachē / hette nimermehr gemeinet / das die inwendig also fest solt sein verwaret gewesen. Da ers aber anders befindet / denn er gehoffet / bittet er den Maximilianum / er wolle jm die Thür öffnen / den̄ er müsse nötig (weis nicht was für) eine Decke aus dem Kasten langen.

ABer Maximilianus nach dem er den Handel wol gemercket / vnd auch weil er nicht geschlaffen / was der Wirte an der Thür versucht / wol gehöret hette / hat er geantwortet / vnd den Wirth heis=

heissen hin weg gehen/jn gestrafft/
das er solchs nicht ehe zu rech=
ter zeit bedacht hette/ heraus zu
nemen/ was er bedürffte/ Er ha=
be sich kaum zum schlaff gerü=
stet/ könne nicht auffstehen/ vñ jm
die Thür öffnen. Darüber ist der
Wirt vngedültig worden/ hat an=
gefangen zu schelten/ zu ruffen/ vñ
zu klagen/ es geschehe jm in seinem
Hause gewalt/ könne des seinen
nicht mechtig sein/ vnd wisse schier
nicht/ ob er verrhaten/ oder ver=
kaufft sey. Letztlich greifft er zu
wehre/ vnd vnterstehet sich mit ge=
walt in die Kamer zu komen/
Drewet auch dem Maximiliano
den Tod/ wo er jm die kamer nicht
öffne. Summa er wolle kein ge=
mach in seinem Hause für jm ver=
schlossen haben/ vnd solt es jm den
Hals kosten. In des hetten sich
die Wirtẽ auch herzu gemacht/ vñ
arbeiten an der Thür/ wie sie die
möch=

Jagteufel.

möchten ausheben/einer wolte zum fenster hinein/vnd liessens jnen gar sawr werden/ deñ sie wol verstunden/ das jr mördlicher anschlag nu nicht mehr verborgen war/vnd der Junge Herr wol würde gemercket haben/was sie im sinn hetten. Maximilianus sahe nu auch/ das es an den Man gehen wolt/ vnd auff höchste komen war/ das ers hinein setzē muste/ darnmb richtet er die Büchsse auff die thür/scheusset durch dieselbig/vnd trifft gleich den Dirten selbest/das er zu boden fellet/ bald darauff rücket er den Kastē hinweg/vñ machet die thür auff/vnd hinaus mit blosser wehre vnter die ander/ vnd schlecht von stund an/des Wirts sone den kopff ab/ vnd jagt den grossen Scheffer knecht hinweg. Aber damit war er noch nicht aus aller Gefahr loss/ deñ aus des Weibes geschrey vnd ruffen/ auch von wegen des vnge= wönli‑

Maximi‑ anus freu gethat.

Jagteufel.

wönlichen getümmels/ wurdẽ die andern Wirten so vmb her woneten alle wach/ griffen zur wehre/ vñ kamen mit jrer Rüstung gelauffen/ belagerten das haus/ vñ wolten den Jungen Herrn schlechts aller ding Todt haben/ Der gute Maximilianus hielt sich für den Bawren als lange auff/ bis jnen der erste zorn zum teil vergieng/ vñ war vnerschrockẽ/ bis das der morgen anbrach/ da sahe er welch ein hauffen Bawren zusamen komen waren/ denen zeigt er freudig an/ wer er were/ vnd das thet er mit solcher tapfferkeit/ wie einem solchen Herren wol anstund/ vnd sagt/ Er were Stadhalter vnd Gubernator der Königreich Hispanien/ vñ es muste jnen allein jr leib vnd Lebẽ gelten/ wo sie seiner nicht schonen würden/ oder sich an jme vergriffen. Da sie aber solchs je nicht gleuben wolten/ solten sie doch

doch nur jtzt innehaltē/ vñ die Obrigkeit vber jn erkennen vnd ortheilen lassen. Würden sie das nicht thun/ so geschehe jm zu kürtz/ vnd würde jnē auch zu gentzlichem verderb vñ vntergang gereichen. Wiewol nu das vnbēdige Pöbelvolck/ an des tewren Fürsten geberden/ vnd bestendiger rede/ wol also viel spüreten/ das sie gleuben müsten/ er würde der sein/ für den er sich ausgab/ schoneten sie seiner wol am Leben. Doch fingen sie jn/ vnd bunden jm die hende auff den Rücken/ führeten jn also gebunden vnd gefangen/ Des morgens frü/ zu dem Heubtman im nehesten Flecken. Nu waren albereit zuvor etliche seiner Trabanten/ vnd Diener auch dahin komen/ jn zu suchen/ Als dieselben gewar wurden/ das man jren Herren so vbel gebunden/ daher führete/ feilete es vmb eines/ das sie

D 4   nicht

Fauſt anlegẽ ſoltz/ welchs er doch
kaum bey jnen kond erhalten. Da
offenbaret er jnẽ den gantzen han=
del/ vnd zeiget jnen an/ welche an
dieſer böſen that ſchuldig gewe=
ſen/ die denn auch nach jrem ver=
dienſt geſtrafft wurdẽ/ Der Sche=
ferknecht ward gerichtet/ vnd das
mördliche Haus verbrand. Die
junge Braut/ die jn gewarnet het=
te/ ward ehrlich vnd reichlich be=
gabt/ vnd vom Fürſten vnd dem
gantzen Hoffgeſinde in allen ehren
gehalten.

6.
Landgraff
wig.
Landgraffen Ludwigen zu Dü=
ringen/ dem Eiſern genant/ ging
es noch ein wenig beſſer/ Deñ als
er auch ſeine kürtzweil nur im Ja=
gen vnd Hetzen ſuchete/ vñ wenig
für den gemeinẽ nutz ſorgete/ trug
ſichs

sichs auff eine zeit zu/das er im Walde auff der Jagt sich von seinen Dienern verirrete/vñ die nacht also sich nicht wider zu recht findē könte/da kam er in die Aula/zu einem Waldschmide/vñ bad jn vmb Verberge/ Der Schmid fragt wer er sey/Er antwort/Er sey des Landgraffen Jegerknecht/ Der Schmid sprach/pfie des kotzen Verrn/wer seinen namen allein nennet/solt allemal seinen mund darnach waschen/vñ schald jn zumal vbel vñ sagt/ich wil dich gerne herbergen/ aber vmb seinen willē warlich nicht/ Dies jn also sein Pferd vnter die Schoppen ziehen/ er aber arbeittet für sich hin/vnd schmiedet schir die gantze nacht/ vnd wenn er deñ mit dem grossen hamer auff das eisen schlug/so fluchte er alle mal dem Landgrafen vñ sprach/Ey nu werd ein mal hart du böse vnseliger Verr/was
soltu

soltu deinen leuten lenger leben/
vnd nennet den seine Junckern/
Der schetzet dir die deinen aus/
der handelt mit den deinen wie er
selbst wil/der thut den deinen ge=
waldt / oder beraubet sie / der
wird von dem deinem reich/ vnd
du wirst zum betler etc. Vnd zeiget
alles fein an / wie es im Lande zu
ginge/vñ fluchet jm in die Wellen
hinnein. Das muste er die Nacht
hören/er nam es auch gar nahe zu
gemüt/vñ ging den sachẽ vleissiger
nach/nam der Reigierung besser
war deñ vorhin. Solt manch gros
ser Herr hört/ wie jnen die armen
leute nach bettẽ/von wegẽ der gros
ser beschwerung des Wildes/vnd
der jagtẽ/sie würden sich vielleicht
eins theils eins bessern bedencken.

DEr Heidnische Poet Martia
lis/hat auch bedacht/das sich al
lerley gefehrligkeitt auff den Jagtẽ
können zutragen. Darümb schreibt
er

Jagteufel.

er auch an den Jeger Priscum also.

Parcius utaris moneo rapiente ueredo
Prisce:nec in lepores tam uiolentus eas
Sæpe satis fecit prædæ uenator, & acri
Decidit excussus nec rediturus equo..

Das ist.
Prisce mein Freund ich warne dich
Bis nicht allzeit so schnelliglich
Mit deinem Jeger Röslein gut
Nach Hasen nicht stel stets dein muth
Denn offt das Wild den Jeger frist
Vnd mancher abgestürtzet ist
Von seinem Ross/vnd komen nicht
Wider hinauff/bin ich bericht.

ES kömpt offt/ das sich einer in Jagten selbst verletzt/ vnd schaden nimpt/ von seinem eigen geschoss/ vñ sind der vnfel vielerley/ die Gott verhenget/ sonderlich wo man so gar Gottlos ist.

XII.
Hinderlistige Verreterey vnd Todschlag.

SEhr offt ists geschehen/.das man vnter dem schein des jagens/ etwas anders gesucht vñ ausgericht tet

Jagteufel.

tet hat/vnd sind also die Jagten zu geschwinden practicken/vñ listigen anschlegen vielmals dienstlich vnd förderlich gewesen. Cyrus der Persen König/hette mit dem König der Armenier einen vertrag auffgerichtet/Als aber jener denselbigẽ nicht gehalten/hat Cyrus sich gestelet/als wolt er eine statliche Jagt halten/vnd hat also vnuersehener sache den Armenier vberfallen/vnd dahin gedrungen/das er dem verwilligtem vertrag nachsetzen müssen/ Xenophon lib.2. de pædia Cyri. Nu könd man diese that Cyri noch zum besten deuten/dieweil er solches seines furnemens gute vrsache gehabt/Aber es geschicht wol hundert mal dergleichen/da mans wider fug noch recht hat.

Martha ein einige Erbnemin/ der Graffeschafft Carriki in Schotland/ vbete sich darümb mit

i. yrus.

Jagen im Walde/das sie den edlē Robertum Bruseum antreffē möchte/wie deñ auch geschahe/vnd sie jn vberredet/das er mit jr auff das Haus Tuburi verreisete/vñ wider des Königes Alexandri willen/ sich mit jr verehelichte. Darüber sie beynahe jhres Veterlichen Erbes were verlüstig worden / wo es Gott nicht sonderlich anders geschickt hette/Anno 1273. Ioannes Maior lib. 4. De gestis Scotorum cap. 12.

In einer alten Chronick/des Closters Schlotheim/find ich/dz Keiser Otto der vierde/Als er kein glück mehr hette/ vnd allenthalbē vnterlag/ sich gen Cöln begeben habe/vnd alda sampt der Keiserin gros gut verzeret. Als nu die Summa teglich auffgelauffen/vñ er gesehen/das er nicht bezalen könte/ Da schicket er die Keiserin gen Ach spatcieren/vnd stellete sich den

3. Keiser Otto d vierde.

andern

andern tag/ als wolt er Jagen/ Joch also mit seinen Hunden/ vnd dem Gesinde zur Stadt aus/ vnd sol noch bezalen/ Anno 1215. oder 16. Solchs wirdt auch von jm in den alten geschriebnen Düringischen Chronicken gedacht.

4.
Vonones.

EBen der gestalt hat sich auch Vonones der Parther König vnterstanden/ aus der Römer verhafftung/ vnter dem schein des Jagen sich hinweg zu wenden/ ist aber darüber ereilet/ vnd am Wasser Pyramo erstochen wordē. Cornel. Tacitus lib. 2. Annalium.

Thrasyllus.

Apuleus lib. 8. de Asino aureo schreibet/ von einem Leopolemus genandt/ dem bulete ein ander (Thasyllus geheissen) vmb sein Weib/ vnd damit er dieselbige bekomē möcht/ nam er jm gentzlich für/ jn mit sich auff die Jagt zu ne=

nemen vñ alda zu erwurgen/ Dar
nach für zu wenden/ es hett jn ein
wildes Thier zerriſſen.

Leopolemus ließ ſich bereden/
vnd folget jenem in Wald/ So
bald aber / als die Dunde eines
Wildes gewar worden / vnd zu
bellen angefangen / hat ſich ein
ſehr groſſes wildes Schwein ſehen laſſen / welches von dicken
Fleiſchmawen gantz feiſt / vnd
mit ſtrauffen Haaren / auff der
dicken Haut / vnd auffgeworf-
fen harten Borſten / ſich wuſte
ſtreubete/ die Zeene mit griſsgram
men wetzete / vnd mit dem Munde ſcheumete/ mit den Augen wilde vmb ſich ſehend / mit greſs-
lichem Geſichte / vnd vollem
lauff gantz erbrempſet / wie ein
Wetter herinn gewuſcht / vnd
hat erſtlich vnter den Dunden
gewhütet / vnd die freidigſten
vnd

vnd besten/so sich am nehesten hin
zu gemachet/mit den grossen Zee-
nen/ von einander gehawen/ das
hier einer/ dort die ander/stück-
weiss gelegen/Darnach die Netz/
vnd Garn zerrissen/ vnd zertrem-
met/sich darauff gewand/vñ den
Leopolemuni/welchen Thrasyllus
mit dem Gaul vnter dem Schein/
als wolte er das Schwein fellen/
niddergestossen hette/ angriffen/
vnd erstlich die kleider von der haut
gerissen/Darnach als er auffstehē
wollen/ vnd von Thrasyllo wider
das schwein hülffe begeret/hat jn
derselbige ins weiche gestochen/
vnd also jn gar alle gemacht/vnd
jammerlich erwürget.

Caiassy Daueci der Landpfleger
zu Meridim/ vber klein Armenien
in der Türckey/ hette vmb das jar
1540.eine sehr schöne Tochter/ge-
gen dieselbige ward Belerbey/der
ober Landpfleger in vnordentlicher

lieb entzündet/vnd hette sie gern
mit listen zu sich bracht/hat auch
solchs durch etliche Weiber practi
ciren lassen/aber vergebens/Der=
halben er weiter auff andere wege
gedacht/vnd eine Jagt zwischen
Carach mit vnd Miridim angestel
let/vnd dem Caiassy ansagen las=
sen/das er nach gehaltener Jagt
bey jm zu nacht bleiben wolte/Ist
auch komen/vnd ehrlich empfan=
gen vnd tractiert worden/Da hat
er sich freundlich zu der Tochter ge
than/sie bey der hand genomen/
vnd auff dem Saal hin vnd wider
geführet/vber der malzeit hat er sie
etliche mal mit tieffen seufftzen an=
gesehen/also das der Vater sein ge
müt hat wol verstehē mögē. Nach
gehaltener Malzeit/hat er einen
Tantz begeret/der ist jm vergünnet
worden/da er aber am Tantz vn=
züchtige geberde getriebē/die dem
Vater misfallen/sind bey drey
               P   hun=

hundert gewapneter in den Saal verordenet werdē von Caiaſſy/ die bey dem Camyn gewachet vñ befehel gehabt/ wo ſich der Belerbey gewalts vnterſtehē würde/ das ſie hinein fallen/vñ den Caiaſſy ſchützen ſolten. Da der tantz ein end genomen/hat der Belerbey zu bette begeret/vnd dem Caiaſſy angemůtet/ er ſolt jm ſein Tochter zulegen. Da jm ſolchs mit demütiger antwort abgeſchlagē worden/hat er dem Chiaſſy gedrewet vnd geſaget/ Wiltu mir hierin nicht zu willē ſein/ſo wil ich dich zureiſſen vnd edern laſſen/vnd den Hunden zu freſſen geben / vñ deine Tochter zu einer Concubin oder beyſchlefferin machē/ aller meiner gefangner knechte/ die ich am Hoffe habe/ vnd heiſſet damit die Mutter/ die Tochter bald bringen. Wie nuder Caiaſſy ſolche zunötigung ſiehet/ ergreifft er im grim ſeinen dolchen
vnd

vnd stösset jn dem Belerbey in
Leib/das er als bald zu bodem fel=
let/ Die andern/so auff den Beler=
bey gewartet/ derer bey 60. gewe=
sen/ sind von des Caiassy Wache
erstochen word.̃ Auff diese That/
bewaret der Caiassy die Stadt
Meridim/ vnd reittet mit einem
grossen reisigen Zeuge zum Sophi
in Persien/ erzelet jm den handel/
vnd bit vmb schutz. Da jm der zu=
gesaget/ vbergibt er sich mit der
gantzen Landschafft an Sophi.
Daher dem Türckischen Reiser ein
grosser Abfal begegnet/ in allen
Landen/etc. Job Fincelius im an=
dern theil der Wunderzeichen.

BEy Reiser Deinrichen des Graff L
vierd̃e zeiten/ sol ein Pfaltzgraff zu dewig ʒ
Sachssen im Osterland auff der Düring
Burg Schiplitz gewonet haben/
mit Namen Friedreich/ welches
gemahel Fraw Adelheit eine ge=
borne Marggreffin von Staden/

p 2   Graffen

Jagteufel.

Graffen Ludwig zu Düringen heimlich lieb hette/ vnd durch solche vnordentlich Liebe verführet ward/ das sie sich einer bösen that vnterwand/ wie sie jres Herrn los werden/ vnd sich an Graffen Ludwigen hengen möchte/ beschied derhalbē denselbē Graffen zu sich/ vnd machete nach vielen vnterredungen mit jni einē anschlag/ wie er jren Herrn auff forderlichst solt vmbbringen/ vñ darnach sie zu der Ehe nemen/ vnd gab jm die anleitung/ er solle auff einen benanten tag in jres Herrn gebiet/ bey dem Schlos Schiplitz Jagen/ so wolle sie jren Herrn bereden/ vnd dahin bringen/ das er sich solle vnterstehen/ jm solches mit gewalt zu wehren/ Als denn möchte er sein vortheil ersehen/ vnd jn vmbbringen. Das geschach also/ der Graffe kam auff bestimpte zeit/ erschellete sein Horn/ vnd jagte nach ge-
mach-

machtem anschlage/ Der Pfaltz-
graffe saß im Bade/ welchs jn
sein Gemahel hette zurichtē lassen.
Da sie nu gewisse kundschafft het-
te/ wie es allenthalben gelegen/
leufft sie stürmiglich zu jrem Herrn
vnd spricht/ Er sitze alda/ vn̄ war-
te des leibs wollust/ lasse darüber
seiner Verschafft eine freiheit nach
der andern abstricken. Sey also
schier kein Bawr so geringe/ er vn-
terwinde sich etwas an sich zu brin
gen. Itzt sey der Graffe von Dürin
gen auch alda/ vnd Jage jm freuentlich auff dem seinen. Er solte je
darzu nicht stil schweigen/ noch es
nachgeben/ vnd viel andere wort/
füret sie mehr. Darüber der Pfaltz
graffen bewegt ward/ eilete aus
dem Bade/ vnd warff einen man-
tel vber sich/ vn̄ fiel also vngerüstet
vn̄ vnuerwaret auff seinē Dengst/
vn̄ rennet Graffen Ludwigē nach/
mit etlichen Reuttern/ vnd straffet
jn

Jagteufel.

jn mit harten worten. Der Graffe aber / wendet sich zorniglich / vnd stach jn mit seiner Glene tod. Alß ward der Pfaltzgraff mit grossen trawren vnd klagen seiner freunde begrabt / zu Böntzig im Münster an der Saale / Dauon noch dieß Reimen sind.

Hie ward erstochen vnedelich
   Der Pfaltzgraff von Sachsen herr Friderich
Das thet Graff Ludwig mit seinem Spere
Da er jagen reit alhere.

Dieses wirt also in etlichen alten Düringischen Chronicken funden. Leo des Keisers Basilij zu Constantinopel Son / ein feiner erwachsener Jüngling / Nach dem er sich in Ehestand begeben / ward er vom Vater zum Keiser erkleret. Nu hatte er ein grossen verdrus am Santabareno Theodoro / einem Mönche / der stets vmb seinen Vater war / hies denselben einen Zeuberer / Fuchsschwentzer vnd Leutbetrie-

8. Santabarenus Theodorus.

Jagteufel.

betrieger. Dieses verdroß den Mönch trefflich sehr/ gedacht der halben wie er sich am Leone möcht rechen/ stellet sich gegen jn/ vnd redet jn auff ein zeit also an/ Ir seid Herr ein feiner junger Fürst/ vnd reittet offt mit dem Herrn Vater auff die Jagt/ das jr aber solchs so blos ohne alle wehre thut/ ist sehrlich/ jr sollet einen scharffen Dolchen an euch führen/ des jr da es not sein würde/ gegen das Wild brauchen möchtend/ oder dem Herren Vater jn zu reichen/ da er sein benötigt/ Auch köntet jr euch damit an denen rechen/ die etwan dem Herrn Vater nach dem Leben stehen möchten. Der junge Herr lies sich bereden/ vnd nam wider seinen vorigen gebrauch einen dolchen zu sich/ welchē er im stiffel verbarg. Hierauff findet sich der Mönch zum alten Keiser Basilio/ vñ sagt/ Herr/ jr möget ewer sache

Jagteufel.

warnemen / ewer leiblicher Son trachtet euch vmbzubringen / zum warzeichen / füret auff den Jagten heimlich einen Dolchen bey sich / Bald stellet der Keiser eine Jagt an / Der Son zeucht mit hinaus / vnd wird auffs Vaters befelh der dolch bey jm gesucht / vñ im Stieffel funden / da gleubt von stund der alt Keiser / es sey also / wie jm der verzweiffelt Mönch gesaget / Wolt derhalben kein entschuldigung des Sons annemē / sondern ward zum hefftigsten (wiewol zugedencken) gegen jn beweget / vnd lies jn wol verwaren / der meinung das er jm beide Augen wolt ausstechen lassen. Dazu denn der Mönch vleissig trieb vnd anhielt / were auch geschehen / wo nicht der Patriarch vnd der gantz Rath zu Constanti-

Jagteufel.

ES ist auch noch ein alt Lied vorhanden/ von der Frawen von der Weissenburg/ wie sie an jren Herrn vntrewe worden/ mit einem andern zugehalten/ vñ jren Herrn jamerlich auff der Jagt hat erwür gē lassen/ schreibt Ernst Brottauff in der Merseburgischen Chronick. Vnd solcher Exempel findet man sehr viel.

XIII.

Ehebruch vnd Hurerey.

AVff vorgehēde erzelung/ folgt billich dieser Artickel/ das auff den vnzimlichen/ vnd wollüstigen jagten sich offt Ehebruch/ Hurerey/ vnd andere schande zugetragen. Ja es werden bisweilen die Jag

Jagteufel.

Dido/aus dem Virgilio angezeigt worden.

2. Wer gern wil/mag das Lied vñ Gedichte von dem Ritter aus der Steiermarck Trinumitas genant/ vnd andere dergleichen mehr lesen.

Ist solchs nicht also geschehen/ so wirdt darinnen angezeiget/ als Exempels weise/ was sonst pflegt zugeschehen.

3.
nmione. ES habeñ auch die Poeten nicht vergeblich von der Ammione/ des Danai Tochter geschrieben/ das sie vom Neptuno geschwecht sey/ als sie in Welden dem Wilde nachgehengt vnd gejagt hat.

4. AN Hertzog Carl zu Burgundien Doffe/ war ein junger vnd reicher Graffe/Wie derselbige auff eine zeit mit dem Hertzogen auff die Jagt geritten/ vnd für dem Doltz an einer schönen Wiesen gehaltē/ wirdt er ohn alles gefehr gewar/

Jagteufel.

das alda ein armes Megdelin eines Bawrs Tochter gegraset/ lesset sich die fleischliche lust vberwindē/ vnd reittet stilschweigend zu dem Megedelin/ vnd zwinge dasselbige/ seines schendlichen willens zu pflegen/ welchs das arme Kind/ wie es zu Haus komen/ seinem Vatter mit weinenden Augen geklaget. Ob nu wol der Vater solches mit grossem schmertzen vernomen/ vnd also drüber bestürtzt wörden/ das er nicht gewust/ wie er jm thun solle/ dieweil er den Theter nicht gekand/ ohn allein/ das jm seine Tochter gesaget/ es were einer aus des Hertzogen Hoffe gewesen/ so hat er sich doch ermanet/ vnd ist mit seiner Tochter zum Hertzogen gangen/ vnd hat jm solches mit bekümerten gemüt geklaget. Der Hertzog fragte hieauff das Megdelin/ ob sie den jenigen/ der sie genotzüchtiget auch kenne?

Jagteufel.

Darauff antwortet sie/ Ja wenn er seine kleidung/ vnd Pfert wider hette wie dasselbige mal/ so wolte sie jn wol kennen.

DErwegen hat der Hertzog lassen vmblasen/ das jederman solte geschicket sein/ ein iglicher in seiner gewönlichē kleidung/ dē künfftigen morgē auff die Jagt zuzlehē. Wie nu der morgen komen/ das man hat sollen auff sein/ vñ sie alle auff den Hertzogē gewartet/ Ist der Hertzog mit dem Megdelin an einem Fenster gestanden/ vnd das gantze Hoffgesinde/ Edel vnd Vnedel (vnter welchem auch der Graffe gewesen) für vberziehen lassen/ vnd dem Megdelin befohlen/ das sie vleissig auff den Theter achtung gebe/ Doch das sie auch den rechten anzeige/ vñ nicht feile.

WJe nu der Graffe für vber zeucht/ spricht sie/ der sey es gewesen/ der sie zu vnehrē gebracht hat. Wel-

Welchs der Fürst hart erschröcke/
vnd bald das Hoffgesinde wider
einziehen lassen. Das Megdelein
in eine Kamer verborgen/ vnd den
Graffen als bald fordern lassen/
vnd jm angezeigt / das jm fürko=
men sey / wie er des vorigen tages
auff der Jagt/ eines armen Man=
nes Kind solt genotzüchtiget ha=
ben/ Solchs hat der Graffe nicht
gestanden/ sondern mit vnwillē ge=
leugnet. Also befihlet der Hertzog/
das man das Megdelein hiesse her
für komē. So bald der Graffe das
selbige gesehen / ist er erschrocken/
dem Hertzogen zu fuss gefallen/
die That bekandt vnd vmb gnade
gebeten. Es ist jm aber kein ander
Antwort worden/ denn das er sich
schicken sol/ in wenig tagē mit des
Bawren Tochter/ welche er zu fal
bracht/ ehelichen bey zulegt. Dar=
auff sie von dem Hertzogen mit
kleidung vnd anderer notdurfft/

ist

ist ehrlich verſehen worden/ vnd hat ſie alſo der Graffe ehelichen müſſen. Da nu jederman gemeinet der Hertzog hette jm mehr denn zu viel gethan/ das er einē Graffen gezwungen/ eines Bawren Tochter zunemen/ vnd nicht anders gedacht/ er würde es bey ſolcher ſtraffe bleiben laſſen. So beſtellet der Hertzog vnuerſehener ſachen/ einē Gerichts tag/ da er den Graffen obgedachter That halben/ peinlichen anklagen/ vnd nach ergangenem Vrtheil/ mit dem Schwerd hat richten laſſen/ vnd der newen Greffin (ſo kurtz zuuor eine Bewrin geweſen) des verurtheilten Graffen Verſchafft/ zum leibgeding vermachet. Es hat etliche dieſer Handel zu ſchwinde bedaucht/ Darumb ſie den Hertzogen angeſprochē/ warumb er dem Graffen zweyerley ſtraffe aufferlegt/ ſo doch nach dem gemeinen Sprich-

Sprichwort/ Niemand solt mitt zweien rhuten geschlagen werden. Dat er geantwortet/ Mit der erstē straffe were allein dem weibe gnug geschehen/ das sie jrer ehren halben/ zum theil ergetzung bekomen/ Im aber als dem Richter hette der verbrechunge halben / in andere wege nicht gnug geschehen mögen/ es hette deñ der Graffe sein verdienete straffe bekomē. Diese Dystoria findestu auch im Regenten Buch/ Georgij Lauterbecks/ lib. 2.cap. 15.Wolt Gott es würde jtziger zeit ein solcher ernst wider die Jungfrawschender gebraucht. Es würde manch armes Kind/ vñ viel frome Eltern von solchen verzweiffelten / ehrlosen Bösewichtern/ nicht so jamerlich betrübt/ vnd vnter die Erden bracht werden.

DAs aber auff Jagten offt vnd viel solche schanden begangen werden/ zeugē auch zum theil die vnnerschamp=

schampten vnd vnzüchtigen Lieder/ als da sind/ Es reit ein Jeger hetzen aus/ etc. Item/ es wolt ein Jeger jagen/ jagẽ für jenem holtz/ etc. vnd dergleichen mehr / so eins theils noch vnfletiger sind.

XIIII.
Historien vieler trefflichen leute/ so vber dem Jagen sind vmbkomen.

VNzelig viel Exempel vnd Geschicht / findet man hin vnd wider in den Historien / das auff den Jagten gros vnd ansehenliche Leute sind vmbkomen/ Dadurch vnser Jäger auch zum theil solten bewegt werden/ vnd vrsach nemen/ etwas Gottfürchtiger/ vnd Christlicher sich auff den Jagten zu halten / vnd die beschwerung armer Leute abzustellen / vmb welcher willen Gott seine straffe mus zu letzt ergehen lassen.

Ich

Ich wil aber erstlich etliche Poetische Gedicht vnd Fabeln erzelen/ darinnen sie doch warhafftige Geschichten/ etwas dunckel vñ verborgen haben/ fürbilden wollen. Darnach wil ich deñ aus den Historien vnd Chronicken/ etliche Exempel einfüren.

Acteon ist ein statlicher Jeger gewesen/ als der eins mals vom Jage müde wordē/ ist er hinab in ein tieffes thal Gargaphia geheissen/ gestiegen/ deñ es darinnen gar einē frischē külen Quelbrunnē gehabt/ Wie er nu hinzu gehet/ sich in seiner mattigkeit/ mit einem Labetrunck zuerfrischen/ so siehet er die Jeger Göttin Dianam sich gantz nackend im selben Brun baden/ Welches jr dermassen verhönet/ vñ sie verdrossen/ das sie eine hand voll wassers genomen/ vnd jm in sein Angesicht gesprenget/ vnd gesagt/ Gehe nu hin/ vñ sag es nach

Acteon.

wenn

wenn du kanst. Als bald ist er in ei=
nen Hirsch verwandelt wurden.
Als solchs seine hunde gewar wor
den/sind sie jn bald angefallen/vn̄
haben jn auff einen Berg gejagt/
vnd alda zerrissen vn̄ gefressen. Die
ses ist gar ein kůnstreichs gedichte/
welchs Ouidius sehr herlich vnd
meisterlich beschreibt/lib.3. Meta.
Vnd schreibet Fulgentius hievon
also / Anaximenes (saget er) der
von Alten gemelten geschrieben/
spricht im andern buch/Acteon ha
be in seiner jugend gar zuuiel lust/
vnd liebe zum Jagen gehabt. Da
er aber darnach ist zum verstendi=
gen alter komē/hat er die mancher
ley gefehrligkeiten des Jagens be=
dacht (das heisset die Diana na=
ckend sehen/oder die kunst des Ja
gens an jm selbst blos betrachten)
ist er etwas forchtsam / vnd sorg=
hafft wordē/ aber ob er gleich sich
nicht weiter in die gefahr des jagēs
ein=

Jagteufel.

einlassen wollen / hat er doch lust an hunden gehabt / vñ weil er dieselben one nutz genehret / ist er drüber vmb all sein Narung komen / das man möcht sagen / Er sey von seinen hundē auffgefressen wordē / Ioannes Bocatius lib. 5. de Genealogia Deorum cap. 14.

Vnd ist dieser Acteon (wie Georgius Sabinus sagt) Ein bildnis vñ figur derer Fürsten / die stets in Welden vnd Gehöltzen ligen / vnd sich mit den wilden Thieren Jagen / vnd des würgens vnd blutuergiessens also gewont / das sie gleich Menschliche Natur ablegen / vnd in der wilden Thiere art verwandelt werden / vnd pfleget man nach gemeinem Brauch zu sagen / Die Hunde haben den Jeger gefressen / oder auffgezeret / Wenn einer der vnkosten halben / so auff die Jagthunde gehen / in Armut komet. Es hat Hans Sachs diese

Jagteufel.

Fabel fein im Reimweise bracht/ vnd diese deutung drauff gemacht.

Acteon bedeut ein Weidman
   Der dem Gejagt nur henget an
Durch berg vnd thal/ gestreuch vnd Weld
   Durch Wasser/ Awen/ Heck vnd Feld
Nach allem Wild gros vnd auch klein
   Hirschen/ Hasen/ Beren vnd Schwein
Mit lauschen/ schrecken/ garn vnd netzen
   Zu Jagen/ beissen/ vnd zu Hetzen
Zum andern er die Göttin find
   Ob welcher schon er gar erblind
Bedeut so er sich gar ergibt
   Auff Weidwerck das jm also liebt
Vber all ding vnd gar zu viel
   Ohn alle ordnung/ mas vnd ziel
Sein lust vnd freude sucht darin
   Vnd legt darauff/ all seine sin
Vnd vberschwenglich hohen vleis
   Mit kosten gros allerley weis
Wagt all gefahr/ arbeit vnd mühe
   Wie er sein lust ein gnügen thue.
Zum dritten jn mit Wasser geust
   Die Göttin das er gar verleust
Sin vnd vernunfft nach Thieres art
   In lust des Jagens er verhart
Verlest allen Menschlichen wandel
   Sein regierung/ geschefft vnd handel
Verwaltung pflegschafft/ dienst vnd ampt
   Durch Jagerey er gar versaumpt

Wird nachlessig vnd gar wercklos
   In allen stücken klein vnd gros
Vnuleissig vnd gar nichts er acht
   Allein dem Weidwerck stets nachtracht.
Zum vierden so er mit der zeit
   Erkennet die gefehrligkeit
In dem Jagen mit viel gebrechen
   Durch Schweinhetzen vnd Berenstechen
Mit Gembsen steigen/rennen/pirschen
   So wird er denn gleich einem Hirschen
Forchtsam/erschrocken vnd verzagt
   Das er zur Jagt sich nicht mehr wagt
Voraus wo es gefehrlich ist
   Doch frewt es jn zu aller frist
Vnd lest von dem Weidwerck auch nit
   Ihm ist noch allzeit wol darmit.
Zum letzten fressen jn sein Hund
   Bedeut so er zu aller stund
Helt Leithund/Winden/Rüden/Bracken
   Dieselben alle von jm zwacken
Dergleich Falck/Sperber/pferd vnd Jeger
   Schlagen all auff jn jr Geleger   Vnnütze
Mus die mit grossem kost ernehren   kosten.
   Also sie jm sein gut verzeren
Mit sampt ander vnkost dabey
   Zugehörig der Jegerey
Also wird er denn an sein wissen
   Von seim eigen Weidwerck zerrissen
Endlich in Summa zum beschlus
   So warnet hie Ouidius

Durch diese Fabel all Regenten
In hohen vnd nidern stenden
Das sie im Weidwerck halten mas
Sich nicht darein begeben: Das
Sie nicht darein werden geblend
Vnachtsam auff jr Regiment
Sondern zu recht bequemer zeit
Jagen zu einer Fröligkeit
Zu erquicken trawrigen mut
Dazu ist Jagen nütz vnd gut
Auff das kein schaden draus erwachs
So spricht von Nürnberg Hans Sachs.

2. Adon.

Adon des Königs Cynare vnd der Myrrhe Son/ als er einem wilden Schwein/ nachgespüret/ vnd es antroffen hat / ist es auff der Dunde anfallen auffgewüsschet/ vnd hat nach felde zu gewolt/ Da sich nu Adon vnterstanden/ jm von seitwerts einen stich zu geben/ hat es jm den speis ausgeschlagen/ vñ als er geflohen/ mit grosser furcht vnd zittern/ der hoffnung sich etwan zu verbergen/ hat jn das grausam Schwein erellet/ vnd mit seinen scharffen zeenen / ins weiche geha=

gehawen/zu bodem geriſſen/vnd alſo ſterbend ligen laſſen/ Ouid. lib. 10. Metamorp.

Hyas des Atlantis/vnd der Ae= thre Son/iſt auff der Jagt von ei= ner Lewen vmbbracht worden/ Ouid.lib.5.Faſtor. 3. Hyas.

4.

Oto vnd Ephialtus waren zwe ne Brůder/ denen begegnet eine Hinde/vnd als ſie gleich zwiſchen jnen hinlauffen wolt/ ſcheuſſet ein jglicher ſeinē Pfeil nach jr/der mei= nung ſie zu fellen / feileten aber der Hindē/ vñ treffen beide einander/ das ſie auff der ſtund tod blieben. Ariſtarchus vnd Jacobus Mycil= lus/vber das 47. Capitel des 10. Buchs Bocatij. de Gen. Deor. 5. Otus. Ephialtꝰ

Cephalus erſchoſs vnwiſſend/ ſein liebes vnd getrewes Weib die Procrin/ da er ein getös im Ge= ſtreuch gehöret/vñ anders nicht ge meinet hette/deñ es were ein wild. 6. Procris.

Q 4　　Orion

7.
Orion.

raffe der
rmessen-
t.

Orion ein trefflicher Jeger / als
er sich zu viel auff seine stercke ver=
ließ / vnd rhůmete / es solt jm kein
Wild so freisam vorkomen könnē /
das er nicht bestehen wolte / ward
er vmb solcher vermessen rede wil=
len gestraffet / das jn auff der Jagt
nur ein Scorpion stach / davon
er sterben muste. Bocatius lib. 11,
de Genealogia Deorum cap. 19.

8.
iclas.

Nicias ein berůmpter Jeger / als
er aus grosser lust den Hunden /
vnd dem Wilde zu sehr nachgehan
gen / ist er vber hals in einen mieler
oder angezůnd Kolgrube gefallē /
darinnen er verdorbē / zeugt Joan.
Rauisius an / aus Coelio.

9.
ger zu
ymph a.

ZU Stymphalia in Arcadien /
hat es einen Brun oder Sumpff
gehabt / daraus der Keiser Adria=
nus das Wasser in die Stad Co=
rinth / einen weiten weg fůrē lassen.
Auff ein zeit hat sichs zugetragen /
das

das der ſchlund/ da dieſer Brun
verſinckt vnd ableufft/ verſtopfft
worden/ alſo das er keinē ausgang
gehabt/ Darüber das Land auff
zwo meil vberflöſſet worden. Nu
jagte ein Jeger einen Dirſch/ vnd
henget jm ſo ferne nach/ das ſie bei
de in die ſchwemme komen/ Der
Dirſch traff den Schlund/ vnd
fiel hinein/ der Jeger jm hinnach/ Vnuerſeh
vnd ward alſo der ablauff wider ner Vnfal
geöffnet/ denn ſich das Waſſer
wunderbarlich in die Erde ver-
leuffet/ vñ aller erſt in der Argolier
gegend wider heraus kömpt. Vmb
dieſer ſachen willen/ ward die Dia
na des orts hernach mehr denn zu
nor geehret. Dieſes ſchreibet Joan. Herold/ aus Lylio Giraldo/
im 4. Buch von Heidniſchen Göt
tern.

 Carmon ward auff dem Berge 10.
Tmolo in Lydia/ vber der Jagt/ Carmon.
von einem wilden Schwein ge-
   D 5   hawen

hawen / das er starb. Plutarchus de fluuiis.

11.
iceus.
Anceus des Agapenoris Vater/ ward vber der Jagt der Calydonischē Saw/ von jr zu tod gehawē/ Pausamas lib. 8.

12.
Atys.
Atys des Königs Cresi Son/ ist auff der Jagt vmbkomen/ vñ ging solchs also zu / Es war ein gross wild Schwein/ am Berge Olympo in Mysia/ das thet den Landleuten trefflich grossen schaden/ da baten vnd begerten die Mysier/ das der König Cresus seinen Son Atyn mit etlichen Jegern wolt zu jnen schicken/ das sie das schedlich Thier fiengen / vnd vmbbrechten.

NV hette der König einen bösen Traum gehabt/ wie jm sein Son mit einem Spies erstochen worden. Derhalben fürchtet er seiner/ vnd wolt jn nicht schicken/ Aber das die andern Jeger hinzügen/
war

war er zu frieden. Doch lies er sich
zu letzt bereden/ das er jm auch er-
leubte/ vnd befahl jn ja trewlich in
acht zuhaben/ dem Adrasto aus
Phrygien/ welcher vnuersehens seinen Bruder erwürget hette/ vnd
vmb sicherheit willen zum Könige
Creso geflohen war. Nu wolte der
junge König Atys/ nicht für den
schlimmesten angesehen sein/ eilet
derhalben für den andern/ mit seinem Pferd vnd Hunden auff das
Schwein zu/ der meinung dassel-
big zu fellē/ da sie nu wol hinbey ko-
mē/ schwancket der Adrastus sein
Scheffelin oder schiesspies in wil-
lens/ das schwein damit zutreffen/
scheusset aber nebē hin/ vñ verwun-
det den Atyn so vbel/ das er starb/
Wiewol es jm aber der König Cre-
sus/ als einen vnuersehenen vnfal/
williglich verziehē/ hat er sichdoch
so hart darumb bekümert/ das er
sich auff des Atys begrebnis selber
hat

13.
Abrasto

hat erstochen/ Schreibet Herodotus lib. 1. vnd Olaus Magnus lib. 4. cap. 15.

14.
15.
:tcones.

Zween Atteones/ nennet Plutarchus/ derer einer aus Syrien/ der ander aus Arcadien bürtig gewesen/ vñ albeide von wildē Schweinen sind erwürgt worden/ Plutarchus in Sertorio.

16.
eisers Se
t Reut-

Als Keiser Severus gen Nisibin komen ist/ hat er ein sehr gross wild Schwein antroffen/ welchs einen starcken Reuter vom Gaul gerissen vnd vmbracht hat. Deñ sich derselbig vnterstanden/ dieses Schwein allein zu fellen/ Doch haben sich bey dreissig Kriegsknechte drüber/ gemacht/ die es endlich gefangen/ getödtet/ vnd für den Keiser gebracht haben. Xiphilinus ex Dione.

17.
eiser Constans.

Constans Römischer Keiser/ des grossen Constantini Son/ als er

Jagteufel.

er sich nur aller wollust ergeben/ vnd seinen Vnterthanen beschwerlich gewesen/ ist er in seinem Gezelt/ als er auff der Jagt müde gewesen/ vnd geruget/ im schlaff erschlagen worden. Zona. Tom. 3.

ES sind die Könige in Franckreich je vnd allwege mit der Jagtsucht beladen gewesen/ wie Wilhelmus Paradinus bezeuget/ cap. 12. de antiquo Statu Burgundiæ. Darumb jr auch viel auff den jagten vmbkomen.

18.

König Dietprecht (Theodebertus) in Franckreich/ richtet viel vnnötiger Kriege an/ auch wider seine Bundsuerwandten/ vnd war auch in willens/ den Keiser Justinianum zubekriegen/ hette albereit das Kriegesuolck darzu in bestallung / aber es ward jm vnterlauffen/ Denn als er eines tages auff das Gejagt fuhr/ begegnet jm ein wilder Stier/ aus den Welden vñ

König Diethprecht.

Straff ei vnruhigig G. müts.

Jagteufel.

Gebirgē lauffent/ der stieß zu tode/ was jm in solchem lauff begegnete. Als nu König Dietprecht dē Stier sahe/ oben herein gegē jm lauffen/ hielt er stil/ vñ vermeinet jn zu schiessen/ Der stier aber lieff vngestümiglich mit der stirn/ an einem alten brüchigē Baum/ vñ fiel ein Ast daruō/ auff des Königs heubt/ schlug jm eine tödliche wunden/ dauon er zur erden fiel/ ward kaum lebend in das haus getragen/ vñ starb desselbē tages An. 551. Stumpff li. 3. ca. 66. Lotharius König in Frāckreich ist an einem hitzigen tödlichē Fieber/ auff der jagt kranck worden/ vñ mit grossen wehetagē gestorbē/ An. 564. Stumpff lib. 3. cap. 68.

Dilffrich auch König in Franckreich/ welcher stets ein schendlich Tyrannisch leben gefüret/ vñ wenn jm seines gewissens halben/ oder sonst schwere gedancken fürgefallen vñ zu gemüt komen/ hat er sol=

ches mit Jagen vnd hetzen vertreiben vnd vergeſſen wollen / iſt aber durch anſtifftung ſeines gemahls/ als er auff der Jagt geweſen/ den Todſchlegern vermacht / vnd von denſelben als er zu nacht heimkomen / ermordet wordē / were er das mal heim bliebē / ſo möchte ſolchs vnglück ſein verhütet worden. Dieſes ging aber alſo zu / Da er zu morgens auff die Jagt zureitten fertig war / ging er zuuor / ehe er auffs Roſs ſas /in der Königin Schlaffkamer /vnd fand ſie an jrem Bette ligen vñ ruhen /ſchleicht ſtil hinderwerts hin zu /vnd ſchlug ſie mit einem Steblein / ſo er in der hand trug /ſchimpfflich auff den rücken / die Königin Fredegund lag ſtille / keret ſich nicht vmme /wuſte auch nicht /das es der König ſelbſt war ſondern meinet /es were Landericus der Könische Phaltzvogt /welcher heimlich mit jr bulete. Darumb ſprach

sprach sie / Lenderich warumb
schlechstu mich? Als der König sol
che wort hörete/ erschrack er/ vnd
begunde Fredegunden/ des Ehe-
bruchs zuuerdenckē/ließ es doch al
so beruhen/vñ für seinem fürnemen
nach/auffs gejegt sich bedencken/
was jm hierinnen weiter fürzunemen. Da nu die Königinne ver-
merckt/das es der König selbst ge-
wesen/ vnd solche wort von jm gehöret hatte/ vnd sie mit Lenderich
sich nichts gewissers/denn des To-

Untrewe ei-
ner Köni-
gin.

des zubefahren hette/ beschicket sie
jn heimlich/vnd traffen mit einan-
der/ den obgedachten mördlichen
anschlag/vnd bestellete Lenderich
viel Todtschleger / die er heimlich
auff die wache verordnete/ welche
bald zu angehender nacht den König vnuersehenlich zu todt schlu-
gend/Anno 387. Joan. Stumpff
lib. 3. cap. 72.

21.
König Hil-
derich.

Dildrich/sonst Childericus genant

nant/der junge freche König in Franckreich/der nur auff jagen/ spielen/fressen vnd sauffen ergeben war/der hette einen ehrlichen an-sehenlichen Man (Bodolonem ge-heissen) vmb geringer vrsachen wil len/an einen pfal binden/vnd mit *Vergeltun*
rhuten schlagen lassen. Derselbige *angelegter*
Bodilo suchete ohn vnterlaß we- *schmach.*
ge vnd mittel/sich an dem Könige
zu rechen. Derhalben/als bemel-
ter König eines tages/mit seinem
Gemahel Frawen Bluthilden/
auffs gejagt geritten/ist er von Bo
dilone/vnd desselben Welffern an-
gerennet/vnd sampt der Königin/
vngeacht das sie gros schwanger
war/erstochen worden/Anno
679.

                                      22.
    Hasthulff der Longobarder Kö *König*
nig/hette einen vertrag mit Pipino *Hasthülff.*
dem König zu Franckreich auffge-
richtet. Da er nu in willens war/
denselben zu endern/vnd zuerbre-
                 K   chen

Straff des fridbruchs.

chen/Hat in Gott gestrafft/das er in der Jagt vom Gaul gefallen/vñ dauon also schwach worden/das er wenig tag hernach gelebet/vnd endlich ist gestorben/Anno 756. Conradus von Lichtenaw/Abt zu Vrsperg/in seiner Chronick/Onu phrius Panuinius.

23. König Carolinus.

Ludwig der Stamlend König zu Franckreich/vnd erweleter Römischer Keiser/hat einē freudigen Son vnd Helden nach sich gelassen/vnter ander seinen Kindern/Carlonum genant/der wart Anno 884. auff der Jagt von einem wilden Schweine so vbel verletzt/das er des Todes darüber sein muste/Joan. Stumpff lib. 3. cap. 95.

24. Keiser Basilius.

Basilius Macedo/Keiser zu Constantinopel/hette alle seine freude vñ lust am jagen/nu sties er ein mal auff einer Jagt auff einen vngewönlichen grossen Hirsch/welcher mit seinem auffgerecketen heubt/

Jagteufel.

heubt/vnd herlichem geweihe daher brach. Demselben setzt er nach vnd kam also nahend auff jn/ das er sein Schwerd auszog / vnd den Dirsch jtzt durchstechen wolte/ aber da stellet sich das freidige thier zur wehre/ vñ brachte ein ende oder ort seines Geweihes oder gehürnes dem Keiser vnter den Gürtel/ hub jn also auff/ vñ trug jn in aller höhe daher/ vñ hette der Keiser also müssen verderben/ wo nicht seiner Diener einer mit blosser wehre den gürtel zerhawen/ vñ jn also los gemacht hette / deme er es doch kleinen danck gewust/ sondern an stat der belonung/ den kopff abhawen lassen / vnd darnach fürgewand / er hette keine blosse wehre vber den Keiser rücken sollen/ so jm doch solches zum besten/ vnd aus keinem bösen fürsatz / war geschehen / Darfür er jn billich hette ehren / vnd reichlich begaben sollen

Exempel der vndanckbarkeit.

Jagteufel.

sollen. Doch hette der Hirsch den Keiser auch also gerüret/vnd die Eingeweide verrücket/das er nicht lange darnach hat leben können/ sondern sterben müssen. Anno 886. Zonoras Tomo 3.

25.
Graffe
Heinrich zu
Altorff.

Heinrich Graffe zu Altorff vnd Ambergew / Graffen Rudolffs Son/ist von einē wilden Schwein auff der Jagt gehawen worden/ zu Loen/zwischen Meron vnd Botzen / davon er auch gestorben/ vmbs jar 1030. Auentinus libro sexto Boiariæ.

26.
Keiser
Isaac.

Von Isacio Comneno/dem Keiser zu Constantinopel/findet man zweierley bericht/ wie er auff der Jagt solle vmbkomen sein. Psellus ein gelerter vnd weitleufftiger Historicus saget/ er sey dem Jagen gantz ergeben gewesen/vnd als er mit seinem Schweinspies vnter die Beeren vnd Sewe gestochen /
habe

habe jn ein kalter wind in der einen
seiten geruret/dauon sich ein hitzi=
ges Feber von jnen entzündet/ Da
nu den andern tag die schmertzen
grösser worden/vnd das stechen in
der seiten zugenomen/Also das jm
der athem schwer worden/hat er
wenig hoffnung gehabt/lenger zu
leben. Vnd derhalben dem Con=
stantino Ducæ das Regiment vber
antwortet/vnd sich in Mönch or=
den begeben.

Aber Thracesius schreibet/ als
er bey der Stad Neapolis in Ma=
cedonien gesagt/da sey jm ein greu
lich schrecklich wild schwein auff=
gestossen/als er nu demselben mit
seinem Hengste nachgeeilet/habe
sich das Schwein ins Meer ge=
stürtzt/vnd sey also verschwundē/
vnd meinen viel Leute/es sey ein Gespenst *Gespenst*
gewesen. Sonderlich weil
gleich als bald der Keiser mit ei=
nem hellen Glantz/gleich als mit

A 3   einem

einem Plitz ist geschlagẽ worden/
das er für schreckẽ/ vnter den Gaul
gefallen/ vñ alda besturtzt auff der
erden gelegen/ vnd mit dem mun=
de geschewmet hat/ also das man
jn in ein Fischerschifflein legen/ vñ
gen Dofft füren müssen. Da er nu
eine zeit kranck gelegen/ vnd wol
gefurcht hat/ er würde nicht wi=
der auffkomen/ hat er einen Plat=
ten machen lassen/ vnd eine Kappe
angezogen / den Constantinum
Ducam an seine stat zum Keiser
verordnet/ vñ sich in ein Closter be=
geben/ darinnen er sein leben vol=
lendet/ Ioan. Zonar. Tomo 3. &
Ioannes Cuspinianus. An. 1063.

27.
Knig
ottfried.

ALs König Gottfrid zu Jerusa
lem auff einer Jagt im Wald vmb
ritt/ ist jm ein vngewönlich grosser
Beer begegnet / der jm zu erst
sein Ross erwürget/ vnd jm selbest
durch den rechten schenckel gebis=
sen

sen/hat darnach auff recht auff sein hinderpfotten getretten/vnd den König mit den fördern tappen vmbfangen/König Gottfried hat sich mit aller gewalt kümerlich auffgehalten/das er nicht vnter dem grausamen Thiere zu boden gefallen/Dat aber darneben den Beeren by den dicken haaren auff dem Nacken ergriffen/jn also wol gefasset/vnd hart gehalten/auch gleich von sich zu rück gezogē/das jm derselbige mit dem rachen nicht zu nahe keme/aber mit der rechten hat er sein Schwerd oder Dolchen aus gezogen/vnd dem Beeren in die Brust gestossen/vnd also erwürget/Dat aber den Beeren= bis sein lebenlang nicht verwundt. Ioannes Gastius lib.3. Conuiualium Sermonum.

An. 1142. ist gestorben Joannes Comenus/ der Constantinopolitantsch

28.
Keiser Joannes.

tanisch Keiser/ der von wegē seiner
gütigkeit Calo Joannes der frome
Joannes genennet ward/ Die vr=
sach aber seines todes war/ wie fol
get. Als er ein Kriegsvolck in Syri
en fürete/ darinnen er zur Herberg
gelegē/ alle preis gab/ vñ dieselbē
zu plündern erleubte/ Zog darnach
auff die Grentzen des Landes Cili=
cie/ vnd legerte sich in ein weites
Feld/ da es zu beiden seiten zwene
hohe berge hette/ die man die Ra=
benskuppe pflag zu nennen. Da=
selbest begab er sich auff eine jagt/
vnd sties einem wilden Schwein
den spies in die Brust hinein/ vnd
weil zugleich das Schwein auff
jn brengt/ ward jm der arm etwas
mat/ vnd gleich zu rück gebogen/
das er damit an den Kocher/ den
er voller gifftiger Pfeile an der seit
hangen hette sties/ vnd denselben
vmbkeret/ das die pfeile heraus fie
len/ vnd der eine jn gar ein wenig
rüretē

rürete/zu eusserste/an der Haut
zwischen den kleinen fingern (oder
zehen) davon sich der gifft darnach
bald getheilet/vñ die andern glied
mas auch eingenomen hat/das
eines nach dem andern ist erstar=
ret/vnd er kurtz hernach hat ster=
ben müssen/schreibet Nicetas A-
cominatus Choniata, libro de re
bus gestis Calo Ioannis. Vnd er=
zelet dergleichen Historia/von jm
auch Cuspinianus.

 Hieronimus Cardanus lib. 7. **29.** **König**
de Variate rerum saget/das Ro= **precht.**
bertus Bruseus/König in Schot
land/sey auff einer Jagt/von ei=
nem wilden Stier gestossen wor=
den/das er hat sterbē müssen/vmb
das Jar nach Christi geburt 1331.

 VOn Keiser Ludwig/dem Bei **30.**
ern schreibet Joannes Cuspianus **Keiser L**
also. Als Fraw Joanna die Her= **dewig.**
tzogin von Osterreich aus dem El

     R 5 sas

Jagteufel.

sas jrem weg wider nach Hans nam/ besuchte sie zuuor den Keiser/ vñ ward von jm ehrlich vñ herlich empfangen/ vnd da sie jren Abscheid genomē hette/ machete sich der Keiser zu der Burggreffin von Nürnberg (welche er lieb hette) vnd war vber der Malzeit sehr frölich vnd güterding/ aber als bald er vnuersehener sach befand vnd fülete/ das es jm vmb das Hertze stach/ hette er bald argwon/ es möchte jm vergeben sein/ stund von stunden an auff/ vnd versuchet ob er den gifft von sich brechen möchte/ deñ er war zuuor wol ehe also des giffts/ so jm zubracht gewesen/ loss worden/ Als er aber kein vndewen oder brechen zu wegen bringen könte/ ist er auff die Jagt geritten/ der hoffnung sich durch die bewegung vnd arbeit zuerwermen/ vnd so er gifft empfangen/ solchs zuůberwinden. In dem

dem stösset er auff einen grossen
Beeren/als er nu demselben mit ge
walt zu wolt/stürtzt er vom Gaul/
vnd erschellete mit solchem schwe
re fal/den gantzen lieb/das jm alle
seine sinne vnd kreffte entgingen/
Als er nu also ein weil gelegen/vnd
wider zu sich selbst komen/hat er
seine Augen gen Himel auffge-
schlagen / vnd Gott angeruffen/
er wolt seiner armen Seelen gnedig sein/ vnd jm alle Sünde ver-
geben/vnd ist also gestorben / Anno 1347. vnd zu Mönchen begra
ben/Auentinus/vnd M. Albrecht
von Strasburg/ gedencken keins
gifftis.

Fraw Maria/ein Tochter Her- 31.
tzog Carlen zu Burgundien / vnd Keiserin
Keiser Maximiliani gemahel/hat Maria.
grosse lust zu jagten gehabt/als sie
aber schwanger gewesen / vnd
gleichwol auff die Jagt geritten
ist/vñ die Junckern/so jr zugeordnet

net/ etwas zu sehr geeilet haben/
Hat sie jr Roß/ welches mutwillig vnd geil gewesen/ nicht zu rück
halten können/ vnd hat sich im rennen der Satelgurt auffgelöset/ das
sie mit demselben herab gefallen/
vnd mit dem schoß auff den Satel
knopff komen ist/ vnd jr also sehr
wehe gethan/ Welchs sie doch etliche zeit heimlich gehalten/ bis sie
für der rechten zeit eine Misburt
bracht/ noch hat sie sich frisch gestellet/ damit jr Herr nicht betrübt
würde/ aber sie hat doch zu letzt
sterben müssen. Cuspinianus.

32.
irst Wil
m zu
nnen
g.

Wilhelm Graffe vnd Fürst zu
Hennenberg/ des nehest verschieden Fürsten/ Wilhelmen Grosuatter/ soll auch von einem wilden
Schwein auff der Jagt sein verwund worden/ das er sterben
müssen.

ABer dieser Exempel/ sind auff
dismal gnug/ darinnen man siehet/

Jagteufel.

het/das nicht wenig grosser Lente auff den Jagten vmbkomen sein. Wenn nu solchs in Gotteslesterung/vnd mit vnterdruckung armer Lente geschehen solte/so wolten warlich/die sachen solcher Herrn vnd Junckern fehrlich bey vnserm Herr Gott stehen.

Ich gleube auch/das die Alten in jren gedichten Historien/mit seltzamen Geschichten vnd Exempeln/so sie setzen/haben die Nachkomen für solchen gefehrligkeiten wollen warnen/Denn es ist je ein jamerliche Fabel vnd Gedicht/so man in der Melusina lieset/wie der junge Graffe Raimund von Forst/seinen lieben Herrn vnd Vettern Graffen Emerich von Potiers/so erbarmiglich wider sein wissen vñ willen vmbringet/Da er jn doch von dem wilden Schwein/nach dem er gestochen/jn vermeinete zu erretten. Durch solche vnd dergleichen

Gedicht des Alt[en]

Graffe[n] [E]merich [von] Potiers

Jagteufel.

chen artliche gedichte mehr / habē sie wöllen zuuerstehen geben / was sich auff den jagten böses vnd Vnglückseliges zutragen könne / vnd auch offt begeben habe. Darumb dieselbigē wol messiglich zu haltē / vnd mit Gottes furcht vnd in liebe des Nehesten fürzunemen.

XV.
Vrsach zu mancherley Vbel.

Viel vnd mancherley vnglück / vbel vnd vnrhat haben die Jagten offt verursachet / das die Hünnen ein grewlich böse vnd blutdürstig Volck in Europam komen sind / vñ dasselbige theil der Welt schier gar durchstreifft vñ verwüstet haben / hat eine Jagt verursachet. Zeuget Joannes Magnus Gotthus lib. 6. cap. 25. vnd Sozomenus lib. 6. cap. 37.

Ludewig dieses Namens der 9. etli-

Jagtteufel.

Etliche zelen in den 10. König zu Franckreich/verbot den Franckreichischen Herren / wider alle alte hergebracht Rechte vnd Gewonheit/das Wild zu Jagen / ausgenomen/Weme er es aus besondern Gnaden erleuben würde / daraus erwuchs viel vneinigkeit / Deñ die verachten Fürsten/ entzogen Ludwico das hertz/ sampt den gehorsam/ fiele mehrertheis von jm/ vereinigten sich heimlich / jrer Ehre vnd Wirden zu rhaten / vnd entstund hieraus gros Krieg vnd vnruhe / mord vnd todschlag / Joannes Stumpff lib. 3. cap. 113.

König Ludewig zu Franckreich.

ES machen jnē die Fürsten mit jren Wildbanen (die jnen doch wenig fromen bringen) vnuerwindliche abgunst/ vnd widerwillen bey jrem Adel/ vnd auch bey allen Vntetthanen / verlieren darüber das Gemein Gebet / vnd allem guten willen / vnd köndte sich durch zu

Abgunst der Vnthanen.

viel

Jagteufel.

viel drengung vnd beschwerung/ noch allerley zutragen/ das beide Herrn vñ Vnterthanen/zum höchsten Verderb möchte gereichen/ Denn gedult zu leiden/ ist nicht jederman gegeben/ so wird vmb eigenes nutzes willen/ der vnbilligkeit gar zuuiel. Gott wolle vnglück verhüten/ vnd alle vnrichtigkeiten noch zum besten schicken.

Ohne not ists/ das ich Exempel erzele/ wie offt vmb Jagens willen gute Nachtbaren vnd bekandte/ ja auch Freunde vnd Brüder sind vneins worden/in einander gewachssen/ vnd in Krieg vnd vnruge gerhatē/ die man hernach nicht hat widerumb zu frieden stellen/ noch versünen können/ vnd das ist ein grosse Thorheit/bey hohē Leuten/ das sie alte vñ nutzbare freundschafft/ vnd einigkeit/ vmb eines Schweins/ Hirschen oder Hasens/ ja vmb eines garns/ oder losen

sen Bundes willen zerreissen/ vnd
in vnuersünliche feindschafft gegen
ein ander sich bewegen lassen.

VNd hierüber tregt sichs denn
offt zu / das einer von wegen eines
abgefangenen Hasens, oder Hir= Vnchristli
schens/ den andern beleidiget/ sei= ches wesen
ne arme leute schlecht vñ wundet/
seine güter brennet vnd plündert.
Sehet aber lieben Herrn/ ob das
ein Christlichs wesen sey.

DJe mus ich auch eines sched= Schedliche
lichen fürwitz der Jeger vnd Je= fürwitz.
gersgenossen gedencken / das sie
offt andern Leuten/ in der speise vn=
dewlichs wild fleisch/ Füchswür=
ste/ vñ dergleichen zubringen/ wel=
ches ob es wol nicht allein scha=
det/ bringet es doch manchen vmb
seine gesundheit.

Ich habe etliche redliche Leute
gekand/ die es jr lebenlang nicht
verwinden können/ vnd bis in jren
tod vber solche büberey / geklagt
S   ha=

haben. Wenn es denn so vbel gerhaten kan (wie es sehr offt geschicht) was ists denn anders/ denn
ein Todschlag? Vnd hat warlich
kein Todschleger theil oder erb am
Reich Gottes. Ich weis auch solchen fehrlichẽ fürwitz/von wissent-
licher vergifftigung nicht weit zu
vnterscheiden / allein das es ein
schertz sein sol/ einen vmb sein ge-
sundtheit/ vnd also folgend vmb
leib vñ leben zubringen. Was auch
dieses stück/vñ da man bisweilen/
weis nicht wo von/ andern Leuten
zu trincken gibt/fur tödliche Feind-
schafft/mord / vnd vnglück ange-
richtet/ ist jederman kund vnd vn-
verborgen.

XVI.
Grosse vnkösten der Jagten.

EIns hat mich vber alle masse
wun-

nicht mercken vnd sehen/was jnen für vntregliche vnkost jerlich auff die vnmessigen Jagten gehet/ Da sie doch in abstellung derselbigen mercklichen vorrhat schaffen möchten. Deñ bedenck doch nur/ was kosten wol ein Jar allein die Hunde? welche sie ein vnnötige zal haben/ die sie von ferns lassen herholen/oder sonst mit grossen statlichen schenckungen/vnd verehrung an sich bringen/ das man offt einen Jagthund findet/ der einem Derrn mehr/denn sein bester Leibhengst gestehet/sol wol ein Hund so viel köstē als sonst zwei oder drey geschir Pferde. Was gehet darnach auffs brot/welchs man bisweilē gar schön den hundē backen lesset/da man wol ein Spittal vol-

Vnkost der Hunde.

Thewre Hunde.

Brot für die Hunde.

ler

ler armer Leute könd mit erhalten/
die man dagegē lesset offtmals not
vnd hunger leiden. Was wird vergebens gelds auff die zier vnd sch=
muck der Hunde/ auff sammet/
seiden/ gestrickte vñ gewirckte kap-
pen/ leitriemen/ halsbande/ vnd
dergleichen/ darzu an gülden vnd
silbern spangen/ vnd schellen ge-
wand? Wie viel gehet auch wol
ein Jar auff zur besoldung vnd vn-
terhaltung/ so vieler Jeger vnd
Hundesknechte? Was meinet jr
auch wol lieben Herrn/ das euch
ewer arme Vnterthanē jerlich/ mit
geneigtem willen/ an früchten/ vñ
auch sonst reichen vnd geben kön-
ten/ auch gern wolten/ das sie mit
den Jagten/ vnd dem wilde möchten vnbeschweret vnd vnbeschedi-
get/ auch an jrer narung vnverhin-
dert bleibē? Vnd wie könd man also gar ein treffliche anzal Schaff/
Ochssen/ Pferde/ Schweine vnd
derglei=

*Schmuck
der hunde.*

*Besoldung
der Jeger.*

*[...]erliches
[ein]komen.*

Viehezucht

Jagteufel.

dergleichē Viehe/ mit der Weide/ vnd den früchten jerlich zum gemeinen nutz vnd besserung des lands auffziehen/ das doch sonst gar vergeblich/ vom Wilde in Welden vñ im Felde/ auch den armen Leuten in jren gerten wird abgefressett vnd zu nicht gemachet.

DAs nu dieses alles/ vnd was mehr vnkostes darauff gehet/ vnd zu schaden leuffet/ so gar nicht von den grossen Herrn bedacht wird/ hat mich (sag ich noch einmal) nicht ein wenig wunder/ vñ ist mir ein nerrischer handel/ das einer solche fehrligkeit vnd müheselige vn= ntütze lust/ sol mit seinem eigen grossen schaden suchen. Aber ich bin nicht der erste/ der hierob verwun= dern tregt. Höre was Doctor Sebastian Brand hievon sagt.

Nerrischer handel.

Mancher viel kost auff Jagen legt
  Das jm doch wenig nutz austregt
Jagen ist auch ohn narrheit nicht
  Viel zeit vertreibt man vnnütz mit

Wiewol

Jagteufel.

Wiewol es sein sol ein kurtzweil
So darff es dennoch kostens viel
Denn leithund/wind/rüdden vnd bracken
Ohn kosten füllen nicht jr backen
Desgleich Hund/Vögel Federspiel
Bringt alles kein nutz vnd kostet viel
Kein Hasen Rephun fehet man
Es kömpt ein pfund den Jeger an
Darzu darff man viel harter zeit
Wie man im nachlauff/gang vnd reit
Durchsucht all berg/thal/welde vnd heck
Da man verheg/wart vnd versteck
Mancher verscheucht mehr denn er Jagt
Das schafft er hat nicht recht gehagt etc.

önig Alonsus. ES wirt solcher grosser vnmessiger vnkost auch dem fromen König Alphonso vbel nachgered/ der doch wie zuuor ein mal gedacht/ im Jagen sich zimlich gehalten. Denn das war zu viel/ das er ein Jar 1000. pfund Goldes / auff Hunde/Vögel/ vnd andere Jegerrüstung gewendet/Wie Sabellicus solchs für eine warheit schreibet / lib. 8. Exemplorum capite septimo

ES

ES hat auch der Tartarn Kö=
nig Temerlein/ den gefangen Tür
ckischen Keiser Waiazith oder Ba
yazeth/ damit verspottet/ das er
jm in seinem elende/ Hunde vnd
Habich zugeschickt vnd geschen=
cket / anzuzeigen / er tüge besser
zu einem Jeger/ denn zu einem
Kriegsman. Denn man saget/
das der Bayazeth alleine auff
die Habicht 7000. personen/ vnd
auff die Hunde 6000. so derselben
warten müssen gehalten. Laoni=
cus Chalcondyla. lib. 3.

Sehr fein schicket sich hieher des *Eine fab*
Poggy Fabel/ darinnē er anzeigt/ *poggij.*
wie zu Meiland ein Artzt gewesen/
der sich der Thörichten vnd Wan=
sinnigen Menschen habe angeno=
men/ vñ denselbigen zu helffen sich
vnterstanden/ vnd war dieses sein
Artzney. Er hette einē grossen tief= *Artzney*
fen stinckenden sumpff oder pfütz *der die*
in seinem Hoffe / darein setzt er *Thorheit.*
die

die vnsinnigen Leut / vnd band sie
an / darzu bereittet pfele oder seulen
einen tieffer denn den andern / darnach die gebrechen waren / etliche
bis an die Knie / etliche bis an Na-
bel / etliche bis an den Hals / vnd
lies sie darinnen baden vnd hun-
gern / biss sie gesund worden. Nu
het er einen vnter den andern / mit
dem es sich nach funfftzehen tagen
geendert / vnd gebessert hatte / den
lies er los / doch das er nicht aus
dem Hoffe gienge / hierinnen war
jm der arme Mensch gehorsam.
Da er nu ein mal an der Thür
stund / kömet ongefehr einer daher
geritten mit zween Hunden / vnd
einem Habich auff der Hand /
denselben rieff er an / als hette er jm
etwas nötigs anzuzeigen. Da er
nu zu jm kam / fraget er jn / was
das sey / vnd wie es heisse / darauff
er sitze (denn in seiner vnsinnigkeit
war er so vergessen worden / das er
nichts

nichts bey seinem rechten namen nennē könte) Der Reutters Man/ antwortet jm/ es sey ein pferd/ welches er zum beissen halte. Jener fragt weiter/ was denn das auff der Hand sey/ vnd worzu ers brauche. Er sagt/ Es sey ein Habich/ da fahe er Wachteln/ Raphüner vnd ander Vögel mit. Der arme Mensch fragt vber das/ wer denn die sind/ die neben jme herlauffen/ Das sind Hunde (spricht jener) die ich zum beissen haben mus/ das sie mir die Vögel aufftreiben. Lieber sag mir (sprach der Thore) was sind wol die Vögel werth/ die du das gantze Jar vber fehest/ vnd darüber so viel zeit verleust/ so viel mühe vnd arbeit darzu hast? Der Reutter saget/ Etwan ein vier/ fünff/ oder auffs meist ein sechs gülden. Da fragt er weiter/ Was kostet aber wol das Pferd/ der Habich/ vnd die hunde? Der Reutter

antwortet/ſie koſten eim auffs we
nigſt ein fünfftzig gulden/ohn was
ſie zuerhaltē geſtehē. O(ſprach der
Thor) ich bit dich vmb Gottes wil
len/ſeume dich hie nicht lange/ſon
dern reit auffs eilendſt du magſt/
von hinnen/deñ keme vnſer Mei=
ſter/vnd ergriff dich hie/er ſetzte
dich/als den gröſten Thoren in der
Welt/in die Pfützen hinein/biſs
vber die Ohren/vnd lies dich aus
dem ſtinckenden pful nicht/es we
re dir denn zuuor dein vnſinnigkeit
vergangen. Solt dieſer Meiſter vn
ſern Jegern allen helffen/er müſte
den Hoff vnd den Pful viel weiter
machen.

XVII.
Drewung Gottſeliger Leute.

WEnn nu gleich jemands ob=
gedachte Sünden/Gefahr vñ vn=
koſten gar nicht achten wolte/der
ſolt

Jagteufel.

solt doch bedenckē / das die Drew ung Gottseliger vñ heiliger Leute / nicht würden aller dinge vergebens sein / Vnd ob sie auch dieselbigen verachten / verlachen / vnd in wind schlagen würden / so werden sie darumb gedreweter straffe nicht entlauffen. S. Augustinus sagt / Die Leute sehē die Jeger / vñ haben grosse lust / freude vnd gefallen dran / sie werden ein mal den Herrn sehen vnd trawren müssen. Vnd S. Dieronymus spricht / Esau war ein Jeger / deñ er war ein Gottloser Sünder / vnd wir finden gar keinen heiligen Jeger / in der gantzen heiligen Schrifft.

S. Augustinus.

S. Hieronymus.

Doctor Luther seliger gedechtnis / hat offt gesagt / vnd auch vber das 25. Capitel des 1. Buchs Mose im Latin geschrieben. Es werde ein mal der Türck oder ein ander Jeger komen / vnd den Deutschen Fürsten / die Jeger vnd Jeger-

D. Lut

spies

Jagteufel.

spies aus den Henden schlagen/ Aber es ist diese drewung des heili=
gen Mannes verachtet worden/
Wie denn auch dieses mein schrei=
ben (darinnen ich warlich auch
nicht verhalten habe/ was vnsern
Jegern in künfftigen zeiten begeg=
nen werde/ wo sie nicht rechtschaf
fen busse thun) nicht alleine wird
veracht vñ verlacht/ sondern auch
geschmehet/ gelestert/ vnd auffs al
ler ergest gedeutet werden / das
müssen wir also geschehen lassen/
Es ist hewr nicht new/ kömpt a=
ber die zeit/ das vnser Verechter/
wider für Gott/ vnd allen Creatu=
ren/ zu ewigem spott stehen wer=
den/ dürffen sie vns als deñ solchs
nicht klagen/ vnd mögen wir vns
mitler zeit mit dem Spruch trostē/
Matth. 11. Wir haben euch gepfif=
fen / vnd jr woltet nicht tantzen/
Wir habē euch geklaget / vñ jr wol
tet nicht weinen/ Das ander wird
sich wol finden.   Grew=

Grewliche schreckliche ge-
schichte/Gesichte vnd
Wunderwerck.

MAn lieset von Bapst Benedi-cto dem 9. welcher Anno 1056. vom Teufel in einem Walde ist ersticket worden/ das jn ein Einsidel hernach habe gesehen/ gantz rauch/ vnd am leibe wie einen Beeren/ vnd mit einem Eselskopff. Da er nu gefraget worden/ woher jm solche verenderung kome/ hat er geantwortet/ Wie ich gelebet habe/ so bin ich jtzt/ ich bin mehr den wilden Thierē/ deñ den Menschen ehnlich gewesen/ darumb habe ich billich ein solche gestalt. Ioan. Balæus lib. 5. De Romanis pontificibus, Platina, & Nauclerus 2. Generatione 35.

Was werden wol in der verdamnis für grewliche gestalt vberkomen

Bapst Benedict der neundte.

men / die itziger zeit also wilde /
vnd vnbarmhertziglich mit jren ar=
men Vnterthanen vmbgehē / vmb
der vnuernünfftigen wilden Thiere
willen / grewlicher mit jnen han=
deln / denn das Wild selbest.

 Anno 1541. Dat sichs bey der
Stad Patauium zugetragen / das
ein Bawersman in die Gedancken
komen / als sey er ein Wolff / hat
viel Leute auff dem Felde / feind=
lich angefallen / vñ sie vmbbracht /
endtlich da er mit grosser mühe
von den Leuten ist gefangen / hat
er sie noch bereden wollen / er sey
ein Wolff / allein das die Daut
vmbgekeret / vnd inwendig rauch
sey. Darüber sind jr etliche noch
nerrischer / deñ der arme Mensch /
hawen jm arm vnd bein ab / zuerfa
ren / obs so sey wie er sagt. Das sie
es aber anders funden / habē sie jn
den Ertzten wider zu heilen vber=
antwortet / Aber er ist vber wenig
tage

n Bawr
n Wol-
worden.

tage gestorben. Solche dinge ver=
hengt Gott zur warnung / denen
leuten / die so gar wilde sind wie die
Wolffe / das sie sich in zeit bessern
sollen. Fincel.lib.2.miraculorum.

Anno 1532. Ist bey Eisenach am
klaren hellen tage / am Himel ge= *Gesicht zu*
sehen / ein alter Baum dürre / vnd *Isenach.*
zur Erden gefallen / gleich als risse
jn jemands aus der Erden (bedeu=
tet der Deutschen alter gebrachte
Freiheit / so kürtz hernach solt ge=
schwechet werden) Darnach ist
gefolget / ein Reuter in einem gan=
tzen Küris (folgende Kriege) der
einen jungen grünen Baum gefü=
ret / doch mit abgehawen esten
(die newen Reformationes vñ vor=
trege) darnach ein weisser Jagt=
hund (vnterdruckung armer Vn=
terthanen) letzlich eine gestalt eines
Donnerschlages (endliche straffen
Gottes) Fincelius lib.1.

Anno

Jagteufel.

Gesicht in Sachssen.

Anno 1547. Ist an einem namhafften ort in Sachssen / ein solch Gesicht gesehē wordē / sechs Menner in schwartzen trawerkleidern / denen eine grosse Leiche gefolget / vber den Sarg hat ein roth Feldzeichen gehangē / das Volck aber / so der Leiche mit grossem trawren nachgefolget / hat auff dem rücken Jegershörner getragen / etc. Es sollen warlich vnsere schwinde Jeger gedencken / das sie sterblich sein / vñ ein mal von hinnē müssen.

Wolffe zu Constantinopel.

Anno 1542. sind zu Constantinopel grosse hauffen Wolffe gesehen wordē / die den Leuten grossen schaden gethan / vnd die Bürger also geengstiget / das niemand sicher aus dem haus hat gehē dürffen. Darauff hat der Türck die Stadmawren vñ Pasteien bemannet / vnd folgends tages in eigner Person / mit alle seinen Wachsen / vnd allem Volcke zu Ross vnd zu fus /

Jagteufel.

fus/frue morgens die gantze Stad vmbgezogē/vñ endlich die Wölff/ welcher bey anderhalbhundert gewesen/ in einer ecken der Stadmaur antroffen vnd fürgenomen/ sie zu tilgen/ Da das die Wölffe gemerckt/sind sie in einem huy vber die Stadmaur gesprungen/vnd ist hernach weder in der Stad noch in der gantzen Gegend keiner mehr gesehen worden. Iobus Fincelius lib.2. Miraculorum.

Anno 1553. hat man zu Galga an der Polnischen Grentze viel hunde versamlet gesehen/ welche sich so grausam vntereinander gebissen vnd zerrissen/ das jnen niemandt hat wehren können/ Fincel. lib. 1. Weil viel Menschen erger denn die wütenden Hunde sind/ was ists wunder/ das Gott durch solche vnd dergleichen Miracula seinen zorn offenbaret/ sonderlich weil

Versam-lung vieler Hunde.

Nota.

man

Jagteufel.

man auch an etlichē örten die Menschen weniger / denn die Hunde achtet / auch wenn es müglich were / gerne Hunde aus jnen machen wolte.

Teufels jagten.

Hieher gehören nu auch die Teufelsjagten / da der Teufel in gestalt / vnd Person / derer die etwan grausam vnbarmhertzige Jeger gewesen sein / zu nacht vnd auch wol bey hellem tage sich sehen lesset /

Nota.

hetzet vnd Jaget / wie man davon sagt / Das etliche Fürsten vñ grosse Herren / noch heutiges tages sollen gesehen werden / das sie jagen / an den örtē / da sie etwan bey jrem leben mit grosser beschwerung armer Leute / jre beste lust mit Jagten vnd Wildbanen gehabt. Also findet man auch auff den grossen vnd berümbten Welden mancherley gespenste des Teufels / das er sich itzt in gestalt eines verstorbenen Jegers / denn eines holtz Försters /

Jagteufel.

sters/ bald eines andern Bawren feindes sehen lesset/ Jaget/ Teutet/ Wetzet/ davon ohne not viel zu schreiben/ sintemal es rüchtbar vñ jederman im munde ist.

Anno 1545. hat sich der Teufel zu Rotweil im Elsas etlich mal sehen lassen/ in eines Hasen gestalt. Ich hab es auch offtmals gehört/ von vielen Leuten/ was jnen wunders begegnet/ vber deme Hasen lauffen/ das der Teufel gemeinig= *Hasen* lich viel Narrenspiel pflegt darbey *lauffen.* zu treiben. Were derhalben (ich sag es schier tausent mal) wol not/ das man etwas Gottfürchtiger vnd Christlicher sich in Jagten hielte.

XIX.
Bedeutung der Jeger= rüstnng.

Stricke/ Netze vnd Garn/ haben nicht gute deutung in der heili=

T 2 gen

Jagteufel.

„ gen Schrifft/ denn Salomon sa-
„ get im Prediger am 7. Ich fand
„ das ein solches Weib/ welches
„ Hertze/ netz vnd stricke ist/ vnd jre
„ Hende bande/ sind bitterer/ denn
„ der Todt/ Wer Gott gefellet/ der
„ wirdt jr entrinnen/ aber der Sün-
„ der wird durch sie gefangen. Aber
von solchen deutungen ist zum theil
mehr im neunden Artickel gesagt/
wird auch etwas weitters dauon
in folgenden letztē Artickel folgen.

XX.
Bild/ gleichnis vnd bedeu-
tung böser oder schedli-
cher dinge.

ES wirdt viel böses vnd sched-
lichs durch gleichnis von Jagten
genomen/ fürgemalet vnd ange-
zeigt/ des wollen wir auch etliche
Exempel sehen/ denn alles zuerze-
len ist vnmöglich.

Durch Jagen vñ Hetzen wird
fürge-

fürgebildet/die verfolgung/so die
fromen von den Gottlosen leiden
müssen. Vieremias in seinem Klag   1.
liede am 3. saget/Meine feinde ha-   Verfol-
ben mich gehetzt/wie einen Vogel   gung der
ohne vrsach/etc.   Fromen.

    Grosser betrug vñ argelist/wird   2.
auch dadurch bedeutet/wie denn   Betrug.
Derr Dans von schwartzenburg
also reimet.

   Wie offt in Garn die man stelt
   Ein Wild ohn hetz vnd Jagen felt
   Also manchmal ein fromer straucht
   In netzen die der Trieger braucht.

   DAher haben die Egyptier den
brauch gehabt/wenn sie verborge-
ner weise haben anzeigen wollen/
das einer durch schmeicheley ver-
füret vnd betrogen worden/das sie
einen Dirsch gemalet/mit einem
Pfeiffer/denn der Dirsch lesset sich
also locken/vnd fangen/Orus A-
pollo Niliacus lib. 2.

   Vndanckbarkeit. Ein Jeger het

3.
Vndanck=
barkeit.

te einen guten köstlichen vnd wol abgerichten hund / Da derselbige aber alt vnd vnuermögend ward/ vñ das Wild nicht mehr erlauffen möchte/ trieb jn der Jeger gleich= wol nichts weniger denn zuuor/ vnd lies jn vbel an mit worten vnd schlegen. Darüber antwort jm der Hund (wie Aesopus schreibt) vnd sprach / O wie bald hastu meiner trewen dienste vergessen/ vnd sch= lechst mich so vbel/ vnd hilfft mich nu so gar wenig / das ich dir wol gedienet habe/ weil ich nur für al= ter nicht mehr kan. Also vnd mit solcher vndanckbarkeit wird vielen alten Dienern abgelonet.

4.
Hurerey vñ
Kupplerey.

Hurerey vnd kupplerey / denn man heisset die rochlosen Buben/ so den vnzüchtigen Bestien nach= lauffen vnd anhangen/ Hurenje= ger. Vnd schreibet Franciscus Pe= trarcha von einem Cardinal / der solche vnart an jm gehabt / das er alle

alle nacht ein newen Schlaffgesel-
len haben müssen / darzu er einen
meisterlichen Ruppler gebraucht /
der mit seinen netzen vnd stricken /
der armen heuser vmbzogen / an ei=
nem ort geld / am andern ringe / vñ
sonst allerley geschenck ausgetei-
let / vnd dem alten Wolffe / der bey
70. Jaren gewesen / viel Wildprat
zugetrieben / etc.

 Zweien Herrn dienen. Davon   5.
schreibt Doctor Brand.   Zween He-
            ren dienen
 Der sehet zwene Hasen auff ein mal
  Wer meint zweien Herrn dienen wol
 Vnd richtet mehr aus denn er soll
  Doch so endschlipfft jm dick der ost.
     Idem.
 Wer Jagen wil vnd auff ein stund
  Zween Hasen fahen mit einem Hund
 Dem wird etwan kaum einer wol
  Vnd offt wirdt jm gar nichts zu mal.

 Vergebliche arbeit. Es ist all   6.
tag Jagtag / aber nicht alle tage Vergebli-
fahe tag.   che arbeit.
              7.
 Straffe von wegen der vollerey Straffe der
vnd des sauffens. Doctor Eber= volsauf-
    T 4   hard fens.

hard Weidensee/im Büchlein/wider das grausame vnd vnmenschliche laster des volsauffens / vber den Spruch Esaie am 5. Darumb wird mein Volck müssen weggeführet werden vnuersehens / schreibt also/ Wenn man wilde vngehewre Thiere zemen wil / so mus man sie fahen / binden / blewen / vnd schlagen/ das sie fein zam vnd kürre werden. Dieweill denn die Leute / durchs sauffen gar zu wilden vngehewren Thieren sind wordē/ so saget Gott / er müsse sie zemen/ damit das sie gefangen / gebunden/ weggeführet/ vnd wol geschlagen vnd geblewet werden.

Als wolt er sagen / Sie sind so gar wild vnd vngehewr worden/ das sie niemand nicht zemen kan/ Darumb mus ich Jeger vber sie schicken/ welche sie bestricken/ fahen / binden / wegfüren / blewen vnd schlagen/ vnd sie mores leren/
Also

Also ist auch den Juden geschehen / zu erst durch die Chaldeer/
darnach durch die Römer/ wie sie
auch zuuor eben darauff vermanet
werden / Dieremie am sechzehen-
den cap. da Gott spricht/ Siehe/
ich wil Jeger aus senden/ die sollen sie fahen/ auff allē Bergen/ etc.

Dieweil nu wir Deutschen/
durch vnser fressen vnd sauffen/
auch vnuernünfftigē Thierē gleich
worden sind/ vnd sind frech/ wilde
vnd vngezemet / wol so böse / als
die Juden / ja wol ein zehen mal
erger/ vnd derselbige Gott noch lebet / auch eben also gesinnet ist/
wie er jenes mal war / solten wir
vns billich auch fürchten/ vnd aus
der Jüden beyspiel klug werden/
auff das Gott nicht auch vber vns
Jeger schicke/ welche vns wie die
wilden Thiere fahen/ binden/ vnd
wegfüren/ wie den Jüden geschehen ist/ Sonderlich weil wir sehē/

T 5   das

das solche Jeger vorhanden sind/ welche sonderlich geschickt sind/ wilde Thiere zu fahen/ das ist/ wilde vngezogen Thierische Leute/ weg zu führen/ etc. Die Türcken meine ich.

ACh Herr Gott/ wie haben die nu etliche hundert Jar gejaget/ wie haben sie die wilden vngezogenen Christen gefangen/ gebunden/ weggefüret/ sie sind weit her aus Schythia komen/ vnd haben Armeniam/ Arabiam/ Syriam/ Aegypten/ Aphricam/ Asiam/ Greciam/ Thraciam/ etc. durchjagt/ vñ alle dieselbigen Völcker bestricket/ vnd in jre Netze gebracht/ vnd sind noch jmmer in stetiger vbung/ jagen vnd fahen jmmer weiter/ bis das sie auch newlich aus Vngern vñ Deutschen Landen/ viel tausent Gefangen vnd weggefüret haben/ vnd haben nu auch fast gantz Vngern erobert vnd ein

eingenomen. Das sind die rechten
Jeger/welche die losen Christen/
(so wider die Eere jres Herrn mit
fressen vnd sauffen jre hertzen beschweren / also das die Spötter
vnd Verechter Gottes / vnd aller
Göttlichen vnd Christlichen din-
ge/dazu auch wild/frech/vngezo-
gen vnd vnbendig werden / das sie
weder nach Gott noch nach dem
Menschen fragen / achten weder
zucht noch ehre) wissen zu zemen/
damit das sie die bestricken vnd fa-
hen/ vnd füren sie bey viel tausent
weg/mit stricken vnd ketten gebun-
den/ schlahen vnd blewen sie mit
stangen vnd knütteln/ füren sie nackend vnd blos auff die Merckte/
vnd verkeuffen sie / wie man Och-
ssen vnd Schaffe verkeufft/ die andern zerspiessen vnd zerhacken sie/
das heisset denn/Mein Volck mus
weggeführet werden vnuersehens/
etc.

D Je-

DJeweil wir Deutschen denn die Gnadenreiche zeit / darinnen wir heimgesucht worden / nicht erkennen wollen / sondern das heilige vnd Heilsame Wort Gottes so trötzlichen vnd mutwilliglich / auch wider vnser eigen gewissen / ketzern / lestern vnd verfolgen / so sollen wir vns (wo nicht besserung geschiehet) gewislich vermuten / Gott werde mit seinem Gaul (welchen er aus Scythia heraus geritten hat bis in Vngern) vns auch vberrauschen / vnd lassen seine Jeger / welcher (wie gesagt) so viel Lender durchjagt hat / auch Deutschland (welchs itzt sonderlich voll wilder Thier ist) durchjagen / vnd die wilden Thiere fahen / binden / hinweg füren / etc. vnd das vnuersehens. Huc usque Doctor Weidensee.

Be-

Jagteufel.
Beschlus vom Jagen.

GLeich wie der Herr Christus zum offtermal seine Glenbigen die Weltkinder fürstellet / vnd vermanet / das wir solchen vleis ernst vnd arbeit zum guten haben sollē / Wie wir sehen / das jene haben in bösen / betrieglichen / eigennutzigen vnd Sündlichen sachen / als denn vnter andern das Exempel vom vngetrewen Haushalter ausweiset. Eben also thut auch der heilig Apostel S. Paulus / Er betrachtet / siehet / vnd weis / wie sawr es jnen die Jeger auff den Jagten lassen werden / vmb eines Hasen / oder andern stück Wildes willen / vnd nimpt daher vrsach / vns Glenbigen anzureitzen / vnd zuuermanen / nicht weniger vleis vnd arbeit anzuwenden / das wir möchten die Tugenden ergreiffen / vnd die Güter erlangen vnd erjagen / die vns

Christi weise/im vermanen zum guten.

Vermanung Pauli zur Geistlichen Jagt.

Jagteufel.

Christen zustehen vngebüren. Vnd schreibet derhalben an Timotheum/in der 1.Epistel am 6.cap. also Du Gottes Mensch/ Jage nach der Gerechtigkeit/ der Gottseligkeit/ dem Glauben/ der Liebe/ der Gedult/ der Sanfftmuth etc. das soll vnser Wildprat sein/ vnd solches heisset eine rechte Christliche Geistliche jagt/ Dauon mag/ wer gern wil/ weiter vnd mehr lesen/ in meiner 33. Predigt/ vber die erste Epistel zu Timotheo.

der Christen Wildprat.

S. Augustinus Sermone 9. in Euangelium Matth. nimpt auch vom Jagen eine vermanunge/ zur Christlichen vnd Brüderlichen liebe/ vnd spricht/ Was müssen die Jeger viel leiden vnd dulden/ von hitze vnd von frost/ vnd für mancherley gefehrligkeiten ausstehen/ der Pferde/ der gruben vñ graben/ der stickeln Berge/ der wasser/ vnd auch

Vermanung Augustini zur Liebe.

auch der wilden Thiere halben/
Desgleichen müssen sie leiden hunger vñ durst / müssen sich an einem wenig geringer vnd grober / auch wol abschewlicher speise genügen lassen/vnd hat viel wesens/ ehe sie ein Wild bekomen / vnd wenn sie es gleich gefangen haben / ist es wol zur speise nicht tüchtig / wiewol wenn mans gleich essen darff/ so ist doch ein gefangen schwein oder Hirsch süsser vñ wolgeschmacker/dem Jeger in seinem hertzen/ darumb das ers gefangen hat/ denn dem andern im Munde/dem es gebraten oder gekocht fürgetragen wirdt/etc. Wer nu darzu nicht lust vnd liebe hat / dem kömpt es schwer an / die aber lust vnd liebe darzu tragen / die düncket es auch vnbeschwerlich/deñ es sey ein ding so schwer als es immer wolle / so machet es doch die Liebe alles leicht/solt deñ solchs nicht auch in
Geist=

Liebe machet alles leicht.

Jagteufel.

Geistlichen sachen / die ware vnd recht Christliche liebe thun etc.

Vnd im Büchlein / de utilitate Ieiunij, vermanet Augustinus / das man sich der verführeten / verjrreten Leute / so in Ketzerey gefallen sind / annemen sol / vnd jnen nachjagen / ob man sie wider fahen / vnd zu recht bringen möchte / vnd sagt / Ein Jeger vmbbringet den gantzen Wald / schreckt vnd Jagt aus den Püschen / vnd treibt das Wild allenthalben dem Garn zu / vnd das es nicht hie oder dort hinaus lauffe / so heist es / lauff hie entgegen / weiche da / schicke dort / das dirs nicht entkome / nicht entfliehe / so sind vnser Netze das leben / so man alleine lieb darinne erhelt. Es ligt auch nicht inacht dran / wie beschwerlich du hiemit einem andern seist / wenn er dir nur lieb ist / Denn was were das für eine liebe / da man eines schonet / der

Nachlassen den freuden.

doch darüber stirbt vñ verdirbt etc.

Vnd hiemit wil ich nu dieses Buch beschliessen / denn ich mich auch gleich müde gejagt habe /vñ achte es dafür / es werde gar ein seltzam Wildprat sein / vmb den danck / den ich mit dieser meiner arbeit werde erjagen / Doch werde ich vngunst / zorn / hass vnd feindschafft gnug / wiewol wider meinen willē fahē / Das mus ich dem Allmechtigen Gott befehlen / der weis vnd kennet mein Hertz / wird es auch am Jüngsten tage dar thun / vnd offenbar werden lassen / auch denen / die mich vmb dieses schreibens willen / verfluchen vnd verdammen / das sie es klar sehen werden / wie trewlich ich es gemeinet. Ich weis sehr wol / das es dem Teufel hefftig zuentgegen gewesen / vnd jn trefflich verdrossen / das ich dis buch zu schreiben fürgenomen / hat mich auch auff man=

Was für danck dis Buch verdienē wirt

D cher=

cherley weise daran verhindert/ vnd da ich es das erste mal gefertigt/ vnd vollendet hatte/ auff den 4. tag des Jenners dieses 1560. Jars/ hat er aus grimmigen zorn/ so viel zu wegen bracht/ das vnter der Abendmalzeit/ in meinem Studierstüblein/ von einer Lichtputzen ein fewr auskome/ welchs mir alle die Bücher/ so dazumal auff demselben Tische gelegen verbrennet vnd verderbet hat/ vnd in etliche gülden werth schaden gethan. Da er nu seinen mutwillen ausgerichtet/ vnd mir meine arbeit zu nichte gemachet/ hat durch Gottes schickung sich das fewr selbst von vber grossen dampff vñ rauch dempffen müssen/ vñ ist von allen Büchern/ die beschediget worden etwas vberblieben/ das man erkennen möge was es gewesen/ Aber von Jagteufel/ wie ich denselben gestellet/ vnd auch von den Collectaneis/

*er Jag-
ufel ein
alverbren-
t gewe-
n.*

Merck.

wie

wie ichs zu erst in Latin entworf=
fen/het man doch nicht eine zeile
oder einen Buchstab funden/ son=
dern hatte es der Teufel beides so
rein auffgezeret / als were zuuor
nichts da gewesen. Ich habe aber
dem Teufel nicht weichen wollen/
sondern was ich im sinn gehabt/
wider auffs Pappir bracht/ vnd
diese arbeit von newens fürgeno=
men / vnd zum andernmal vollen=
det.

Wiewol sich der Sathan auch
hart dawider gesperret/Aber es ist
nur gleich besser gerhaten / denn
das erste. Wil mich aber jemandt
darumb hassen vnd feinden / das
ich die Warheit etwan zuuiel ge=
redt/der mag gleichwol auch den=
cken/das man jn für des Kind vnd
Gesellen halten wird/ der sich an=
fenglich/wie gehöret / wider die=
ses werck so feindlich gelegt/ vnd
noch nicht leiden mag / das man

D 3   das

das vnrecht straffe. Vnd könte ich mich auch nicht entsinnen/ was für klugheit dahinden sein solte/ da man mir vmb dieses Büchlins willen vngünstig sein wolte/ so doch eines jeden gewissen bekennē mus/ das ich nichts vnrechtes noch vnbillichs hierinnen geschriebē. Derhalben ich auch alle frome Gottfürchtige Fürsten/ Graffen/ Herren vnd Junckern/ demütiglich wil vmb Christi willen gebetten haben/ dieses mein schreiben gutwilliglich auffzunemen/ vleissig zu lesen/ vnd sich daran zu bessern/ vnd nicht zuergern. Da aber je jemands verstockter weise zörnen vnd böse sein wil/ dem kan ich es auch nicht wehren. Ich wil aber einen solchen von mir abgeweiset haben/ auff die Personl/ derer Namen zu förderst im eingang dieses Buchs vermeldet worden/ aus welcher Schrifften ich dis Buch

Jagteufel.

zu samen gezogen/ also das die wenigsten wort darinnen mein/ sondern vieler anderer Heiliger/ oder doch sonst gelerter Leute sind/ mit denen mag es ausfechten/ wer lust zu zancken hat/ Ich wil es hiebey lassen wenden/ vnd befehel euch Gott all mit einander. Der verleihe vns allenthalben seinen Heiligen Geist/ das wir thun mögen/ was jm wolgefallen/ vnd andern Leuten besserlich/ vns selbst auch an der Seelen Seligkeit nicht hinderlich sein möge/ vmb seines lieben Sons vnsers Herrn Jhesu Christi willen/ Amen.

Hiob 19.
Ich weis/ das mein Erlöser lebet.

www.ingramcontent.com/pod-product-compliance
Lightning Source LLC
Chambersburg PA
CBHW031906220426
43663CB00006B/783